Más Años, Mejor Vida

Haroldo Level

Más años, Mejor Vida

Más Años, Mejor Vida
Copyright © 2023, Haroldo Level
Todos los derechos reservados

Primera edición: enero de 2024

ISBN: 979-8-8676-0356-4

Diseño de portada: Alejandro Level
Ilustraciones: MidJourney

Impreso en Estados Unidos

Agradezco a mi familia y amigos por su apoyo y contribución.

Prólogo

Bienvenidos lectores a un viaje que trasciende las convenciones del tiempo. Este libro, "Más Años, Mejor Vida", es una invitación a explorar la vejez como una etapa llena de posibilidades, vitalidad y sentido.

En una era donde la esperanza de vida supera nuestras expectativas, surge una pregunta trascendental: ¿cómo no solo sobrevivir, sino prosperar en estos años adicionales? Haroldo Level, experimentado ejecutivo y actual emprendedor retirado, comparte sus conocimientos, observaciones y experiencias para guiarnos en este viaje.

Este no es un libro convencional sobre relaciones sociales, finanzas, jubilación o envejecimiento; es una hoja de ruta desde los destellos iniciales de la juventud hasta los años dorados, abogando por una vida plena en cada una de sus etapas. Explora el desafiante terreno de la planificación financiera, relaciones duraderas, salud física y mental, y la búsqueda continua de un propósito.

A través de estas páginas, encontrarás consejos prácticos y reflexiones profundas. La visión del autor no es sólo compartir información, sino inspirar a cada lector a crear su propio camino, a abrazar la sabiduría que llega con la edad y a descubrir el potencial que reside en cada día.

No importa en qué etapa de la vida te encuentres: si eres un adulto mayor buscando maximizar tu bienestar, si eres una persona que estás brindando apoyo a alguien de edad avanzada o una persona joven adulta preparándote para el futuro, este libro tiene algo valioso para ti.

En "Más Años, Mejor Vida", Haroldo nos anima a vivir cada día con gratitud y alegría, a desafiar las limitaciones autoimpuestas y a forjar una vida que brille con propósito. Este libro es más que un compendio de recomendaciones; es una guía comprensiva, una fuente de inspiración y, sobre todo, una celebración de la vida en todas sus etapas.

Así que, sin más preámbulos, abramos las páginas juntos y emprendamos el viaje hacia una vejez que no solo promete más años, sino, lo que es aún más importante, ¡una vida mejor!

¡Disfruten de la lectura!

Introducción

¿Qué esperar de este libro?

En esta publicación compartiré consejos prácticos y pragmáticos basados en mi propia experiencia como jubilado, como emprendedor, como adulto mayor y en años de observación de mis allegados mayores, artículos y podcast que he recabado por varios años y experiencias compartidas con mis familiares y amigos. He volcado también los ejemplos dados por mis padres que me transmitieron el sentido apropiado de la vida en sus diversas etapas.

Mi objetivo es emprender un viaje hacia una vejez que brille con vitalidad, alegría y propósito.

Este libro te ayudará a responder y reflexionar sobre:

- ¿Cómo podemos aprovechar al máximo el creciente número de años que la expectativa de vida nos regala?
- ¿La importancia de planificar actividades recreativas a lo largo de tu vida, considerando su condición física, recuerdos duraderos y presupuesto?
- ¿Qué factores te pueden ayudar a vivir más años y plenamente?
- ¿Qué opciones tienes para hacer en tus "años dorados"? ¿Cambiar de profesión, seguir trabajando o simplemente no hacer nada?
- ¿Hablaremos sobre el uso de la tecnología para mejorar tu felicidad como adulto mayor?
- ¿Ya tienes un plan financiero para los años que tienes por delante?
- ¿Optarás por envejecer en tu hogar?

- ¿Cuándo el cuidado institucional es más conveniente que estar con familiares o en tu casa?

Espero que estas experiencias compartidas, te ayuden a tomar decisiones informadas sobre los aspectos más cruciales que influyen en tu día a día a medida que acumulas años de vida.

En la sección "Acerca del Autor", puse un email el cual puedes usar para expresar tus comentarios.
Cuando haga actualizaciones menores de contenido, con gusto te las enviaré.
Tendrás acceso a la hoja de cálculo que diseñe para hacer tu Plan de Retiro Preliminar.
Tu dirección de email no será utilizada para otro fin, ni será vendida.

Acompáñame en las páginas de este libro, donde juntos exploraremos cómo transformar la jubilación en una aventura llena de posibilidades y alegría.

En esta primera parte del libro es el lugar donde más escucharás la palabra vejez, ya que como verás muy pronto, es un término que, en mi opinión, no denota la realidad del mundo actual. Por eso, empezaremos por conversar que es la vejez y que significa estar viejo o tener muchos años de vida.
La vejez es una etapa de la vida que a menudo se asocia con el declive y la disminución de las capacidades. Sin embargo, esta idea es errónea. La vejez puede ser una etapa plena, alegre y significativa, llena de oportunidades para el crecimiento personal y el aprendizaje. Para eso nos debemos preparar, para disfrutar nuestros años de vida al máximo.
Lo que en estas páginas compartiré es el concepto de que, si nos preparamos adecuadamente, física, mental, social y

financieramente, una persona que hace pocas décadas dejaba de trabajar a los 60 años para contemplar el fin de su vida sin mucha actividad y esperanza, tiene la posibilidad cierta de transitar una segunda vida de unos 20 o 30 años más por delante para emprender en una área que aún le apasione.

Disfruta de la familia y amigos o simplemente disfruta una vida activa y llena de entretenimiento.

Los avances en la medicina, la alimentación y el estilo de vida han contribuido a un aumento significativo de la esperanza de vida en las últimas décadas. En el pasado, las personas solían morir a edades más tempranas, pero hoy en día es común que las personas vivan hasta los 80 o 90 años.

Este aumento de la esperanza de vida tiene implicaciones importantes para la forma en que vivimos nuestras vidas.

En primer lugar, nos da la oportunidad de vivir una vida plena y activa. Nuestros abuelos, por ejemplo, a menudo se veían obligados a jubilarse a los 60 años, pero hoy en día las personas tienen la oportunidad de seguir trabajando, viajando o disfrutando de sus hobbies hasta mucho más tarde.

En segundo lugar, el aumento de la esperanza de vida nos obliga a pensar en nuestra salud y nuestros ahorros de una manera diferente. Si esperamos vivir hasta los 90 años, debemos asegurarnos de mantener nuestro cuerpo y nuestra mente sanos, y de tener los recursos financieros necesarios para cubrir nuestras necesidades durante toda nuestra vida.

Comenzaremos por explorar el tema esencial del fortalecimiento de los vínculos personales y relaciones sociales, su importancia e impacto en nuestra vida y nuestra salud mental, longevidad y sentido de propósito.

También, explicaremos cómo el hecho de mantener y nutrir estas conexiones puede enriquecer tu vida de formas inimaginables. El significado de vivir la vida y cada día como si fuera el último. Este enfoque puede ayudarte a aprovechar al máximo cada momento y a crear experiencias y recuerdos duraderos que enriquezcan tu vida y la de quienes te rodean. No se trata de trabajar duro en la juventud y ahorrar para disfrutar la vejez, se trata de vivir plenamente y disfrutar durante *TODOS LOS AÑOS DE NUESTRA VIDA.* Prever el impacto financiero y las exigencias físicas que demanda el lograr este objetivo al máximo.

Además, exploraremos la importancia del uso de la tecnología en la vejez. Resaltaremos las áreas en donde la tecnología puede ser una herramienta valiosa para adaptarse a los cambios físicos y sociales que se producen con la edad. Si hacemos buen uso, podremos sacar el máximo provecho de las herramientas tecnológicas disponibles para mantener una vida plena, independiente y conectada. Comentaremos sobre algunas tecnologías que elevarán el nivel de independencia y confort de los adultos mayores.

Destacaremos la importancia de definir o desarrollar tu "marca personal" durante tus años avanzados. Tener una marca personal clara puede ayudarte a encontrar tu lugar en el mundo y a vivir una vida más plena.

Te proporcionaremos consejos prácticos para identificar tus pasiones y valores, y te guiaremos en la creación de una marca personal auténtica y perdurable.

Finalmente, abordaremos la preparación para nuestros últimos años y los aspectos esenciales necesarios para el momento de nuestra partida. Esta es una parte crucial de tu viaje de envejecimiento que a menudo se pasa por alto, y aquí te proporcionaremos información valiosa para enfrentarla con sabiduría y preparación. Conversaremos sobre consideraciones de donde vivir, en qué momento tomar ciertas decisiones importantes y sus implicaciones.

En última instancia, este libro es una invitación a abrazar la vejez con una mentalidad de posibilidad, a tomar el control de tu destino y a descubrir el significado profundo y duradero que esta etapa de la vida puede ofrecerte.

Así que, sin más preámbulos, comencemos nuestro viaje hacia una vejez plena y con sentido. ¡Vayamos juntos hacia un futuro lleno de promesas y oportunidades!

Estar Viejo

"Saber envejecer es la mayor de las sabidurías y uno de los más difíciles capítulos del gran arte de vivir". (Henri Frederic Amiel).

Cuando salimos de casa y comenzamos a ver a las personas que nos rodean muy jóvenes o al levantarnos cada mañana percibimos alguna nueva dolencia, cuando leemos algo y notamos una reducción en la visión y cuando al vernos en alguna foto reciente, observamos cambios en nuestra imagen, son señales inequívocas que ya tenemos muchos años.

La palabra vejez, la escuchamos frecuentemente y aunque suene cotidiana, no representa lo mismo hoy en día que hace apenas unos pocos años atrás, al investigar sobre la vejez no me ha sido fácil obtener una definición en la que todos estemos de acuerdo, menos aun considerando cómo las personas con muchos años de vida se sienten y cómo nos percibimos vs. la "etiqueta" de la edad.

¿Ser viejo significa tener una determinada cantidad de años?

Considero que no, cada vez menos personas coinciden en esa definición.

En muchos países desarrollados del mundo occidental, la edad de jubilación se establece alrededor de los 65 años, y esto generalmente se considera el inicio de la vejez. En naciones no occidentales, la vejez puede comenzar a partir de mediados de los 40 o hasta los 70 años. Esta percepción viene de la mano con la expectativa de vida en diferentes partes del mundo. Por ejemplo, la esperanza de vida varía ampliamente, desde 54 años en la República Centroafricana hasta 69 años en Ruanda. Sin embargo, hay países (7) que tienen esperanzas de vida inferiores a 60 años, que es la edad a la que muchas regiones del mundo desarrollado consideran ancianos a las personas. No es de extrañar que en esas sociedades una persona de 40 años sea considerada como vieja.

Considero que el estar o sentirse viejo depende de nosotros mismos y de los avances médicos de las últimas décadas. Hablando con varias personas, de avanzado número de años, me comentan que sienten que en su mente se sienten igual que siempre, pero que su cuerpo ya no responde igual. No se sienten viejas. La condición física de nuestro cuerpo no es afectada exclusivamente por el paso de los años, depende mucho del cuidado que le hemos dado, de nuestra alimentación, actividad física y la genética.

Con 89 años, mi mamá me comentaba: ¡Mira esa viejita que linda!, cuando entrábamos a la sala de espera de su doctor, la persona que ella miraba era en muchas ocasiones más joven que ella, pero mi madre no se veía ella misma así.

En otra oportunidad mi mamá señalaba a una persona y me decía, esa muchacha estudió conmigo en la escuela (era obvio que sí estudió con ella, no era una muchacha), ella la seguía percibiendo como su joven amiga.
En ambos casos, en su mente, ella aún no había envejecido.
Anecdóticamente el sobrenombre de mamá siempre fue "La Nena".

El padre de un amigo, ya de 92 años, me comenta:
"La vejez, esa edad dorada que tanto estiman, valoran y promueven las sociedades prósperas y avanzadas como la norteamericana donde ya tienes viviendo unos cuantos años, está sujeta a varias condiciones básicas: La salud mental y las buenas condiciones físicas".
Él me expresa que estas últimas no solo dependen del cuidado personal, sino también de la genética. Llevar un estilo de vida saludable puede contribuir a preservar la salud, mas no garantiza plenamente una vejez sin limitaciones físicas.

La salud mental es crucial, incluso para aquellos con buena salud física. La aceptación, comprensión y disfrute de esta etapa, que conlleva nuevas limitaciones y desafíos, resultan fundamentales. Querámoslo o no, la edad avanzada nos impone limitaciones y situaciones nuevas, distintas e incluso molestas, que no habíamos experimentado anteriormente.

Mantener el buen ánimo, el equilibrio y la clara conciencia de la vida en medio de grandes tribulaciones que a muchos les toca vivir, no es fácil, pero es vital para enfrentar estos cambios de una manera positiva.

Estas sabias palabras de una personas con casi 30 años más de vida que yo, han sido muy valiosas para mí, la genética no la podemos cambiar aún, debemos hacer nuestra parte por cuidar nuestra salud física y mental.

La actitud con la que afrontamos estas circunstancias puede marcar una gran diferencia en nuestro bienestar y disfrute de la vida. Las personas que tienen una actitud positiva ante la vejez suelen adaptarse mejor a los cambios físicos y mentales que conlleva. Son más propensas a aceptar sus limitaciones y a encontrar formas de disfrutar de la vida a pesar de ellas.

Por el contrario, las personas que tienen una actitud negativa ante la vejez suelen tener más dificultades para adaptarse a los cambios. Pueden sentirse deprimidas, ansiosas o resentidas con su edad. Sin embargo, incluso las personas que tienen una herencia de salud no muy buena pueden disfrutar de una vejez satisfactoria y con propósito.

La clave está en adoptar una actitud positiva y optimista ante la vida. Esto nos ayudará a afrontar los cambios de la vejez con mayor resiliencia y a encontrar formas de disfrutar de esta etapa tan especial. El reconocer que la vejez conlleva cambios físicos y mentales inevitables, negarlos, así como otras recomendaciones que encontrarás en capítulos posteriores, harán una gran diferencia en vivir muchos años con entusiasmo.
Aun cuando tengamos una muy buena genética, es decir, tenemos una familia de padres y tíos longevos, no podemos descuidar nuestra salud física y mental ya que podríamos contribuir a una vejez muy retadora.

De todo lo que he escuchado e investigado, la mejor descripción sobre la vejez la encontré, de un libro de Pilar Sordo (3):

"La vejez llega cuando los recuerdos superan a los proyectos"

Mientras tengamos proyectos por hacer, por pequeños que sean, tengamos ilusiones, tengamos la llama viva de querer hacer cosas, aprender, metas a lograr, o una vida con propósito, no debemos considerarnos viejos. Aunque en este documento usaremos la palabra viejo para describir cómo nos perciben los demás, y eso no será fácil de cambiar.

"Ser viejo" es un privilegio, no todas las personas llegan a ser VIEJAS, son muchas las personas que conocí, que no tuvieron la posibilidad de ver crecer a sus hijos o nietos. Se fueron quedando en el camino por distintas causas: accidentes o padecimiento de enfermedades que inesperadamente acortaron su vida. Por eso, si llegamos a cumplir muchos años, con esta guía pretendo sacar el máximo provecho a cada año, acumular el mayor número de experiencias, hacerlas inolvidables y que se multipliquen haciéndose memorables. Hay que prepararse y tener un plan de disfrute de esos años de vida.

En cualquier caso, con el pasar de los años, ocurren cambios importantes en nuestra vida, nuestra forma de verla o cómo somos percibidos por los demás. Mi intención es compartir algunos consejos prácticos para ayudarnos a vivir plenamente, en este tercio de nuestra existencia.

Con los años, es común enfrentar una serie de desafíos y problemas:

Salud física: A medida que nuestro cuerpo envejece, es más probable enfrentar problemas de salud física, como dolencias crónicas, disminución de la movilidad, fragilidad ósea y enfermedades crónicas. Estos problemas pueden afectar la calidad de vida, el disfrute y requerir un mayor cuidado y atención médica. El cuidar de nuestro cuerpo y mantenerlo sano, es vital para disfrutar al máximo de los muchos años de experiencias que podemos tener.

Salud mental: Algunas personas, pueden enfrentar problemas mentales y de memoria como demencia, deterioro cognitivo leve, depresión, ansiedad y aislamiento social.
Estos desafíos pueden afectar la función cognitiva y la memoria debido a factores físicos, de salud, sociales y de estilo de vida. Sin embargo, no todas las personas mayores experimentan estos problemas.

Es importante buscar atención médica si se presentan síntomas para recibir diagnóstico y tratamiento adecuados. Me gustaría profundizar más en algunas recomendaciones para la detección temprana del deterioro cognitivo en adultos mayores:

- Realizarse evaluaciones cognitivas de referencia a partir de los 65 años. Esto implica visitar a un neurólogo o psicólogo para hacer pruebas estandarizadas que determinen el funcionamiento cognitivo inicial. Así se tiene una línea de base para comparar en el futuro.
- Prestar atención a síntomas que puedan indicar problemas cognitivos leves, como pérdida de memoria, confusión, dificultad para seguir instrucciones sencillas, cambios severos en el estado de ánimo o personalidad, entre otros. Detectar estos síntomas precozmente puede facilitar un diagnóstico y tratamiento oportuno.
- Hacer ejercicios cognitivos con regularidad para mantener la agilidad mental. Esto incluye actividades como leer, escribir,

realizar crucigramas, sudoku y rompecabezas, estudiar temas nuevos, aprender idiomas, tocar instrumentos musicales, etc. Mantener la mente activa ayuda a preservar las conexiones cerebrales.

- Adoptar hábitos saludables como actividad física regular, dieta balanceada, sueño reparador y controlar factores de riesgo cardiovascular. Llevar un estilo de vida cerebralmente saludable puede retrasar la aparición de demencia.
- Consultar al médico frente a cualquier inquietud sobre cambios en la función cognitiva para descartar otras posibles causas reversibles como efectos secundarios de medicamentos, deficiencias vitamínicas, infecciones, etc.
- Enfocarse en la detección precoz y hacer cambios en el estilo de vida es clave para prevenir el deterioro cognitivo relacionado con la edad.

Con la ayuda de tu familia podrás buscar tratamientos para frenar o retardar los efectos de los trastornos mentales.

Mi madre siempre se preocupó por su salud mental, y afortunadamente a sus 90 años, era una persona de mente ágil y relativa buena memoria.

Me decía que ella, en momentos de ocio, practicaba la "tabla de multiplicar", usualmente me pedía libros con "sopa de letras" y ya en sus últimos años, le gustaba colorear libros diseñados para adultos mayores.

Soledad y aislamiento social: Muchas personas mayores experimentan soledad y aislamiento social debido a la pérdida de seres queridos, cambios en las redes sociales y limitaciones físicas que dificultan la participación en actividades sociales. La falta de interacciones sociales significativas puede tener un impacto negativo en el bienestar emocional y mental.

El mantener una vida social activa, nos proporciona una buena herramienta para protegernos de alguna de estas dolencias.

Cambios en las relaciones familiares: Las relaciones familiares también pueden cambiar. Algunas personas experimentan tensiones familiares, falta de apoyo de los miembros de la familia o se ven obligadas a depender de otros para el cuidado y la toma de decisiones. Esto puede generar estrés y conflicto.

Preocupaciones financieras: A medida que avanzamos en edad, los desafíos financieros se hacen más presentes, desde prepararse para la jubilación hasta enfrentar los costos de la atención médica y la gestión de recursos limitados, lo que puede llevar a momentos de estrés y ansiedad. Sin embargo, la clave para una vejez tranquila y segura no reside únicamente en nuestra situación económica. Una planificación adecuada y temprana, junto con un conocimiento claro de lo que necesitamos financieramente, nos abrirá puertas a una mayor tranquilidad y opciones de disfrute en los años venideros.

Cambios en la identidad y el propósito: Es común experimentar cambios en la identidad y el sentido de propósito. Las personas pueden enfrentar sentimientos de pérdida de roles previos, falta de dirección y cuestionamientos sobre su contribución y relevancia en la sociedad. Estas alteraciones en nuestra vida pueden afectar la autoestima y el bienestar emocional.
Por otra parte, es una oportunidad de desarrollar nuestras capacidades, hobbies e incluso empezar un nuevo emprendimiento.
La investigación del Estado del Emprendimiento (16), de la Fundación Ewing Marion Kauffman revela que el grupo de **edad**

de 55 a 64 años representó el 26% de todos los nuevos empresarios en el 2015, en comparación con el 23% en 2013 y el 15% en 1996. Este aumento en la actividad emprendedora entre adultos mayores se debe a varios factores, incluyendo:

- El creciente número de adultos mayores con las habilidades y la experiencia para iniciar un negocio. Muchos adultos mayores han pasado décadas trabajando en la fuerza laboral, acumulando habilidades y experiencia valiosas que pueden aplicar a sus propias empresas.
- El deseo de independencia y flexibilidad. Muchos adultos mayores buscan escapar de la estructura laboral tradicional de 9 am a 5 pm y perseguir sus propios sueños emprendedores.
- La necesidad de ingresos complementarios. Algunos adultos mayores están iniciando negocios para complementar sus ingresos de jubilación o para hacer frente a desafíos financieros.

Adicionalmente a esta oportunidad, en el capítulo sobre Marca Personal, incorporó algunos elementos adicionales de cómo nuestro nuevo rol debería considerar un cambio en nuestra Marca Personal.

Las prioridades y preocupaciones de las personas tienden a cambiar con el pasar de los años. Cada etapa presenta desafíos y experiencias únicas que influyen en las prioridades de las personas.

Es importante destacar que los temas y cambios mencionados, son generalizaciones y que cada persona envejece de manera única.

Estas preocupaciones o prioridades cambian de acuerdo con la etapa de nuestra vida, y para ilustrarlo **describo algunas diferencias generales en las prioridades de las personas en cada etapa de nuestras vidas**, esto nos permite tener la sensibilidad hacia otros y ayudarnos a entender lo que nos puede ocupar la atención en el futuro.

De 1 a 15 años:
La vida se centra en la aventura del crecimiento y la exploración. Los primeros años están marcados por el aprendizaje y el descubrimiento, con la escuela como foco principal. La formación de amistades es fundamental, ya que estas conexiones a menudo perduran toda la vida.

En la adolescencia, se enfrentan a decisiones importantes sobre educación y carrera, mientras desarrollan relaciones personales más profundas, explorando diferentes roles y responsabilidades.

En los primeros años de nuestra vida, hay muchos otros temas importantes que posiblemente ocupan nuestra atención, la vejez y el retiro no son en general relevantes para la mayoría.

De 15 a 25 años:
A medida que se entra en la adolescencia y la adultez joven, los jóvenes enfrentan un mundo de posibilidades. La elección de una carrera y la educación superior son los primeros grandes pasos. Los sueños profesionales y la independencia comienzan a tomar forma.

Pero no todo es trabajo y estudio. Las relaciones personales también son cruciales. En este período, las amistades se profundizan y las relaciones amorosas entran en escena. Los jóvenes se embarcan en una exploración personal, experimentando con diferentes roles y responsabilidades.

Hay muchos otros temas importantes que posiblemente ocupan nuestra atención, la vejez y el retiro no son en general relevantes para la mayoría.

En los primeros años de esta década, nuestros ingresos pueden ser aún incipientes o proporcionados por nuestros padres, pero es la mejor etapa para emprender actividades de entretenimiento de bajo costo que nos permitan explorar y divertirse, como el experimentar deportes de alta exigencia física, camping, buceo.

En nuestros primeros años de trabajo, podríamos aprovechar para la visita de parques temáticos de alto impacto, viajes internacionales de bajo costo "con mochila", *Ahora es el momento*, aun con los riesgos que representa el quedarse sin presupuesto, llegar a sitios poco cómodos, es una excelente manera de explorar el mundo, conocer nuevas personas y culturas y aprender sobre sí mismos.

Posteriormente, en la medida que pasan los años el realizar estas actividades será más difícil para nosotros, es por eso por lo que en esta guía traigo el tema, para comenzar a entender que, para disfrutar la vida al máximo, también es importante planificar con antelación qué actividades nos encantaría hacer y en qué etapa de nuestra vida es más conveniente realizarla.

Cuántas veces no vemos a personas de más de 60 años, decir: me hubiese gustado esquiar, o bucear, pero ahora por tal o cual razón no puedo o no me atrevo a hacerlo.

De 25 a 40 años:
La vida adulta se llena de responsabilidades y logros. Las profesiones u oficios se estabilizan, y la estabilidad financiera se convierte en una prioridad. La compra de una casa y la formación de una familia se encuentran entre los objetivos más comunes.

En muchos casos, la prioridad es que las relaciones personales evolucionen hacia el matrimonio, la crianza y el futuro de los hijos.
Sin embargo, hoy en día hay personas que prefieren no constituir una familia, o no tener hijos, pero igual transitan este ciclo vital con muchos retos.

El equilibrio entre el trabajo y la vida personal se vuelve esencial. La gestión de la salud y el bienestar físico y mental se suma a la lista de prioridades, junto con la planificación financiera a largo plazo.
En los últimos años de esta etapa, generalmente es cuando tenemos la experiencia laboral suficiente para obtener mayores ingresos, sin embargo, es cuando más inversiones hacemos (por ejemplo, adquisición de nuestra casa, comprar una moto, inversiones, ahorro para la universidad de los hijos, etc.).

La mayor capacidad económica nos tienta a disfrutar de actividades más costosas, las implicaciones financieras de hacer estas actividades ahora vs. el ahorro para años futuros son también algo que nos perturba. Sin embargo, opino que, si nos sentimos con la capacidad de mantener un trabajo estable, y asegurar un ingreso económico moderado, no sería temerario pensar que en años venideros seguiremos teniendo un ingreso que nos permitirá seguir ahorrando, entonces, porque no comprometer parte de esos ahorros en realizar estas actividades.

Invierte en las experiencias de tu vida, y empieza pronto. Piensa en la gente con la que te gustaría vivir experiencias, e imagina las veces que las podrás revivir en forma de recuerdos de haber vivido esas experiencias más bien pronto que tarde.

Disfruta de tu vida al máximo, lista las cosas que te encantaría hacer y deja para los años venideros las de menos exigencia física, revisa tus finanzas, proyecta tus ingresos futuros y toma una decisión temprana de perseguir esos sueños antes que ya sea tarde para retomarlos.

Durante este periodo considero que *es el mejor momento* para hacer tu primera **"lista de deseos"** de lugares a donde ir y disfrutar.
Sobre la "Lista de Deseos" hablare en el próximo capítulo.

De 40 a 60 años:
Para las parejas con hijos, su educación se mantiene como una preocupación importante, especialmente cuando se trata de la universidad.

La planificación para la jubilación y las finanzas personales *se vuelven cruciales, al igual que la gestión de las redes sociales (no me refiero a las digitales) y las relaciones a lo largo de los años.*

El tema de planificación financiera es muy amplio y merece un capítulo aparte, enfocado en la prioridad de disfrutar la vida al máximo. Es crucial entender el costo de mantener nuestro nivel de vida, especialmente cuando nuestra madurez profesional puede brindarnos los mayores ingresos, haciendo esencial un análisis detallado de los fondos necesarios.

A medida que las décadas avanzan, luego de los 50 años, la salud y el cuidado personal cobran protagonismo. La atención médica y el envejecimiento son preocupaciones crecientes. Algunos se convierten en cuidadores de sus padres mayores directa o indirectamente, enfrentando decisiones sobre su bienestar.

Quiero hacer hincapié en algo que realmente considero importante para maximizar nuestro disfrute durante TODA LA VIDA. Y es que si bien debemos ahorrar para los años en que no trabajaremos o no produciremos tantos ingresos, tampoco es conveniente excederse en los ahorros y pensar que dejaremos "herencia" al morir, ya que eso implica que dejamos de usar el dinero de nuestro trabajo para disfrutar al máximo cada día a de nuestra vida.
Es algo que siempre pensé y que al leer el libro de Bill Perkins (8), DIE WITH ZERO, me convencí completamente de que eso es algo que deseo hacer.

Como presento más adelante en "Preparándonos para vivir nuestro futuro", es en este periodo que considero debemos tomar muchas decisiones financieras y no financieras que marcaran la calidad y estilo de vida que nos vienen por delante. Es también relevante, pensar profundamente a qué actividad nos podemos dedicar luego del retiro para que nuestra vida sea activa, que nos permitan tener balance entre un sentido de propósito, tiempo para el entretenimiento e ingresos adicionales si es posible. Cuando tenemos un ingreso periódico es el mejor momento de comenzar un emprendimiento o actividad que requiera de algún tipo de inversión.

Escoge actividades que te permitan mantenerte activo, saludable y conectado. Este, es también el momento de planificar viajes que requieran más recursos y tiempo. Cada individuo tiene sus prioridades y preferencias; pero estas actividades seguramente serán muy ricas en contenido y dejarán huellas por muchos años más, especialmente si las planificamos junto a familiares y amigos.

De 60 a los 65 años:
Muchas personas a esta edad están recién jubiladas o están considerando la jubilación. Por lo tanto, pueden preocuparse por planificar su tiempo libre y encontrar nuevas actividades para mantenerse activos y comprometidos.
Se puede experimentar ansiedad por el cambio de roles, desaceleración de nuestra vida.

La salud y la atención médica siguen siendo una prioridad, pero es más probable que las personas a los 65 años estén en mejor salud en comparación con edades posteriores, por lo que es posible que estén más enfocadas en mantener su bienestar y prevenir enfermedades a largo plazo.

*Considero que **los 65 años es la edad límite** para tomar decisiones* sobre si es necesario un cambio de vivienda a una más adecuada para los años venideros, en la mayoría de los casos, nuestros hijos ya no están con nosotros, y nuestra casa se ha hecho grande, este tema será cubierto más adelante con más amplitud.

El cambio de roles en nuestra cotidianidad puede ser compensado, realizando nuevos emprendimientos o desarrollando nuevas actividades que antes no podíamos realizar.

Revisemos nuestra "Lista de Deseos" y de nuevo hagamos el ejercicio de "administrarlos" en el tiempo, alineando las actividades con los requerimientos físicos que tenemos o pensamos vamos a tener en el futuro, esto es algo que depende de cada persona, sus gustos y prioridades, pero es igualmente importante hacerlo y poner en un papel, para así alinearlo con nuestras finanzas y planes para cada uno.

De los 65 a los 75 años:
A esta edad, algunas personas pueden enfrentar la pérdida de amigos o seres queridos, lo que puede llevar a preocupaciones sobre la soledad y el aislamiento social.

Las preocupaciones financieras pueden persistir, especialmente si las personas no han asegurado suficientes recursos para toda su vida.
Con el avanzar de los años, empieza el dilema de "aceptación de la vejez", alcanzar el sosiego.

Una buena parte de este libro, está dedicada a la importancia de las relaciones sociales familiares y con amigos, si bien es cierto que es algo muy importante de cultivar y mantener a lo largo de nuestra vidas, ahora y en años venideros es cuando más podemos capitalizarlos, pronto veremos la importancia de tener una red social diversa, no solamente en lo cultural sino a nivel multigeneracional.

En muchos casos, nuestros hijos (si decidimos tenerlos) tienen su propia vida, y están recorriendo "sus propias etapas", **el recurrir a nuestra red social** para compartir, viajar y hacer actividades juntos nos ayudará a disfrutar al máximo cada plan o entretenimiento planificado.

De los 75 a los 85 años:
La salud y la atención médica suelen ser una de las
preocupaciones más significativas en esta etapa. Es posible que se
enfrenten a problemas de salud crónicos y a una mayor
dependencia de servicios de atención médica y cuidados a largo
plazo.

Las preocupaciones sobre la vivienda y la movilidad también
pueden aumentar, ya que algunos pueden necesitar adaptaciones
especiales o considerar opciones de atención a largo plazo.

Aumentamos la apreciación y valoración de la familia. Quizás
sentimos frustración por los logros no alcanzados.

Al revisar nuestra "Lista de Deseos", viajes y entretenimiento, nos
deberíamos encontrar con *actividades propias de esta etapa* de
nuestras vidas, adaptadas a nuestra capacidad física o limitaciones
impuestas por los años, los cuidados previos de nuestra salud o
enfermedades inesperadas.

La mayoría de las personas pueden disfrutar de viajes y
actividades de esparcimiento, ya sea acompañadas o haciendo
uso de la tecnología para facilitar su movilidad e interacción con el
mundo. Los viajes relajantes, como cruceros o estadías todo
incluido, suelen ser convenientes, evitando destinos agotadores o
largos trayectos.

Visitas a museos, galerías de arte, clases de arte y manualidades,
clases de baile, organizar viajes en grupo con personas de edad
similar, organizar reuniones familiares puede ser también una
actividad gratificante.

Más de 85 años:

La longevidad y la mortalidad pueden ser una preocupación más presente, lo que puede llevar a reflexionar sobre el legado y las relaciones con la familia y seres queridos. La aceptación de la mortalidad se acerca. La atención médica y el cuidado personal pueden ser más intensos, y algunas personas pueden estar más enfocadas en garantizar una atención adecuada.

Las actividades de entretenimiento para personas mayores de 85 años deben ser elegidas con *gran consideración de su salud y movilidad*, paseos al aire libre, aunque sean cortos puede ser beneficiosos para la salud física y mental.

La lectura, escritura y escuchar música pueden ser gratificantes y estimulantes mentalmente, la tecnología actual permite realizar estas actividades, aun si tenemos limitaciones visuales o auditivas.

Pintar, tejer o hacer manualidades pueden ser formas de pasar el tiempo y expresar la creatividad. Dependiendo de nuestras destrezas, los juegos de mesa con amigos y familiares son excelentes para mantener la mente activa y socializar.

Visitas a familiares y amigos, participar en reuniones sociales proporcionan valioso tiempo de interacción y apoyo. Clases en línea en temas de interés, como historia y arte pueden igualmente ser muy gratificantes. El uso de tecnología también puede permitirnos viajar de forma virtual y explorar lugares interesantes sin necesidad de movilizarnos.

Mamá, decía que, hasta los 85 años, nuestras condiciones físicas son buenas, ella hablaba de su situación particular, sin embargo, su consejo siempre lo tengo presente en mis planes.

Es importante tener en cuenta que cada persona enfrenta estos problemas de manera diferente, y los desafíos específicos pueden variar según las circunstancias individuales. Abordar estos problemas requiere una combinación de cuidado personal, apoyo social, atención médica adecuada y una actitud positiva para enfrentar los desafíos y encontrar significado y satisfacción en la vejez.

Viviendo en Plenitud
Calidad de Vida y Disfrute Año tras Año

"Disfruta del presente, vive cada día con gratitud y alegría, cuida tu bienestar físico y emocional, encontrando la felicidad en lo cotidiano"

Empecemos por revisar algunos conceptos.

Como *calidad de vida* nos referimos al nivel general de bienestar y satisfacción que se experimenta en diversos aspectos de la vida. Incluye tanto aspectos físicos como emocionales, sociales, psicológicos y profesionales.

Salud física: Mantener un buen estado de salud física es fundamental para disfrutar. Esto implica tener un nivel adecuado de actividad física, una alimentación balanceada, acceso a atención médica y la capacidad de realizar las actividades diarias con autonomía.

Salud emocional y mental: Tener una actitud positiva, manejar el estrés y las emociones de manera saludable, y contar con el apoyo emocional necesario.

Relaciones y apoyo sociales: Participar en actividades sociales y mantener una red de apoyo emocional. Mantener relaciones significativas y tener un sistema de apoyo sólido es crucial. Esto incluye el contacto regular con familiares, amigos y comunidad.

Independencia: Tener la capacidad de tomar decisiones y llevar a cabo las actividades diarias de forma autónoma es muy importante. Esto implica tener acceso a servicios y recursos que promuevan la independencia, como el transporte, la vivienda adecuada y la tecnología para asistirlo.

Las tecnologías pueden ser de gran utilidad para elevar nuestra calidad de vida. Su uso, se facilita cada vez más y nos brinda autonomía y mejor interacción con otros. Aquí algunos ejemplos de lo que podrían ofrecerte: Los teléfonos inteligentes, asistentes virtuales, dispositivos de monitoreo, dispositivos de seguridad, tecnología para la comunicación, para la movilidad, asistencia auditiva, etc. Puedes aprovechar tu relación con gente más joven para familiarizarte y hacer uso de la que más te sea útil en cada etapa de tu vida. Más detalles sobre el tema de tecnología está en el capítulo sobre tecnología para una vejez más autónoma y feliz.

Participación en actividades significativas: Sentirse involucrado en actividades que son significativas y brindan un sentido de propósito es importante también.

Muchas personas eligen participar en escribir un libro, dirigir tours, asistir a ancianos, iniciar un blog compartiendo experiencias adquiridas, comenzar un nuevo emprendimiento, actividades comunitarias para cuidar del planeta, voluntariado en el cuidado de animales sin hogar, son muchas las posibilidades para darle un nuevo propósito a nuestra vida.

Reflexionar y hacernos algunas preguntas ayudará en este nuevo proceso de autodescubrimiento:
¿Qué te hace sonreír? (Actividades, personas, eventos, pasatiempos, proyectos, etc.)

¿Cuáles son tus cosas favoritas que solías hacer en el pasado? ¿Y ahora?
Esto podría incluir pasatiempos que disfrutamos, pasar tiempo con personas queridas, involucrarnos en proyectos que nos apasionen.

¿En que he cambiado desde mis 20 años hasta ahora?

¿Qué actividades te hacen perder la noción del tiempo?
Esto suele ser una señal de que estamos completamente absortos y disfrutando del momento presente.

¿Qué te hace sentir genial contigo mismo/a?
Podemos encontrar nuevas formas de disfrutar de actividades que solíamos amar y descubrir cómo incorporarlas en nuestra rutina diaria

¿Quién te inspira más? (Alguien que conozcas o no conozcas. Familia, amigos, autores, artistas, líderes, etc.), ¿Qué cualidades te inspiran en cada persona?
Reflexiona sobre las cualidades que más admiramos en ellos. Podemos esforzarnos por cultivar esas mismas cualidades en nosotros mismos.

¿En qué eres naturalmente bueno/a? (Habilidades, capacidades, talentos, etc.)

Dedica más tiempo a perfeccionar esas habilidades y usarlas para nuestro beneficio y el de los demás.

¿Para qué cosas suelen pedirte ayuda las personas?, ¿Si tuvieras que enseñar algo, qué enseñarías?
Usa tu conocimiento para impartir a través de clases, tutorías, o simplemente compartiendo nuestro conocimiento con aquellos que están dispuestos a aprender.

¿De qué te arrepentirías de no haber hecho, sido o tenido plenamente en tu vida?
Esto podría implicar tomar riesgos, perseguir sueños o reconciliarnos con situaciones no resueltas.

Piensa que ahora tienes 90 años, sentado afuera de tu porche; puedes sentir la suave brisa de primavera acariciando tu rostro. Te sientes dichoso y feliz, satisfecho/a con la maravillosa vida con la que has sido bendecido/a. Mirando hacia atrás en tu vida y en todo lo que has logrado y adquirido, todas las relaciones que has desarrollado; ¿qué es lo que más te importa?, podrías enumerarlos?

Cada individuo puede tener diferentes necesidades y prioridades, por lo que es importante considerar estos aspectos de manera personalizada. A medida que envejecemos, es necesario adaptarnos a los cambios físicos y emocionales que pueden surgir. En ocasiones, dejamos pasar los años sin disfrutar plenamente del presente.

En lugar de lamentar lo que ya no podemos hacer, es importante valorar y disfrutar de las actividades y posibilidades que tenemos en el presente.

Por ejemplo, si solíamos practicar deportes de alto impacto y ahora nuestra movilidad es limitada, en lugar de sentirnos frustrados, podemos explorar nuevas actividades que se adapten a nuestras capacidades actuales.

Podemos involucrarnos en clases de yoga, donde la suavidad y la flexibilidad sean elementos principales, o simplemente dar paseos y apreciar la naturaleza. Encontrar una nueva fuente de disfrute y bienestar es posible.

Si solíamos manejar nosotros mismos nuestro auto y ya por edad o condiciones físicas no es conveniente hacerlo, usemos otros medios de transporte disponibles, hoy en día hay muchas opciones de fácil acceso y costos moderados (por ejemplo, Uber, taxis). No podemos quedarnos caminando en círculos", lamentándonos, el tiempo pasará y con edad avanzada se puede hacer más complicado viajar solo en transporte público, perdimos así años de disfrute y parcial autonomía.

Si cada día nos lamentamos de lo que solíamos hacer en lugar de disfrutar de estas cosas, el tiempo pasará y dejaremos de apreciar las maravillosas cosas que nos rodean diariamente.

Aprovechemos cada momento y aprendamos a valorar y disfrutar de las pequeñas cosas que hacen que la vida sea especial.

¡La verdadera calidad de vida se encuentra en vivir el presente con gratitud y alegría!

Tener conciencia y poder proyectar nuestras condiciones a futuro nos servirá para "administrarnos" y saber en qué etapas podemos realizar ciertas actividades y cuáles dejaremos de hacer para dar paso a otras. Por ejemplo, considero (y esto varía de persona a persona) que hasta los 75-85 años podemos estar en condiciones físicas adecuadas para viajar solos o con mínima asistencia, tanto a nivel nacional como internacional.

Después de los 85 años, es posible que todavía podamos viajar, pero acompañados. En ese caso, debemos planificar el disfrute de los viajes y las visitas a familiares alejados de nosotros, durante esta etapa de nuestra vida. Después de los 85 años, es probable que prefiramos disfrutar de actividades menos exigentes físicamente. De hecho, considero que eso es lo que más nos apetecerá hacer.

La clave para una calidad de vida plena, especialmente para personas con limitaciones, radica en encontrar felicidad en las cosas cotidianas y simples. Disfrutar de la brisa matutina acariciando el rostro, sentir la suavidad de las sábanas, compartir momentos con la familia, escuchar música, el canto de los pájaros y contemplar hermosos paisajes, disfrutando de una taza de café en la mañana, leyendo un buen libro o compartiendo una comida con amigos o simplemente apreciar lo que nos rodea.

No es necesario realizar grandes actividades, sino valorar y aprovechar cada día como si fuera el último. Al centrarnos en el presente, encontramos alegría en las pequeñas cosas y fortalecemos nuestras relaciones, lo que nos lleva a ser realmente más felices.

Disfruta plenamente todos los años de vida:
A menudo vivimos la vida como si nunca fuéramos a morir. Los estudios sobre la esperanza de vida indican que, en Estados Unidos, la esperanza de vida promedio es de 79 años (a partir de 2024). Si ya has alcanzado los 65 años, puedes esperar vivir 17 años más en promedio si eres hombre, o 19.7 años si eres mujer.

En Europa, la esperanza de vida es ligeramente mayor y continúa aumentando cada año.

Si llegamos a la edad de adulto mayor, y queremos disfrutar cada año al máximo, debemos planificar, no solo desde el punto de vista financiero, sino también alinear las actividades que deseamos hacer con la edad y salud que tenemos. Para esto sugiero hacer primero una lista de los lugares que queremos visitar y actividades que deseemos realizar, crearemos una "LISTA DE DESEOS".

Haciendo tu "Lista de Deseos"
Esta es una "herramienta", que podrás usar por muchos años. Recomiendo listar primero TODAS las actividades de recreación que pensamos quisiéramos hacer en la vida (por ejemplo, paseos atravesando el país, viajes cortos, largos, cruceros, actividades deportivas extremas, etc.). Al lado de cada actividad asigna tu estimado del costo aproximado.

Luego, démosle prioridad en término de cuales creemos nos permitirán conservar mayores recuerdos en el tiempo, los recuerdos que típicamente compartimos con amigos, esas deberían ser las actividades prioritarias.
Al lado de cada actividad, escribe a que edad es más conveniente realizarlas. Puedes usar bloques de 5 o más años.

Identifiquemos la condición de salud que creemos debemos tener para realizar cada una de esas actividades.
Por ejemplo: para hacer montañismo, esquí, y otros deportes extremos, largas excursiones, se requiere una muy buena condición física, por tanto, este tipo de actividades deberíamos planificarlas en nuestros años de juventud o cuando tenemos

mejor condición física.

Hacer un viaje en crucero, visitar galerías, tomar cursos de pintura o fotografía o participar en voluntariados, podemos hacerlos a cualquier edad, pero sería más conveniente hacerlas en nuestra edad avanzada. También es importante alinear estas actividades con un presupuesto, para lograr el balance completo de estado de salud y actividades que deseas.

Al final de este análisis, podremos comenzar por priorizar nuestra "Lista de Deseos" en el tiempo, lo cual será una guía útil para nuestros planes de vida. Esta lista la debemos revisar periódicamente.

No es casualidad que de acuerdo con un estudio de AARP en el 2023 "Travel Trends" (10), encontró que los norteamericanos entre 60 y 69 años son los mayores gastadores en viajes, un 30% más que las personas de 18 a 49 años. Viajeros de más de 50 años, hacen un promedio de 4 viajes por año.

Identifica tu LISTA DE DESEOS y realiza la planificación de tus actividades, condición física y presupuesto por cada periodo de tu vida y así podrás vivir plenamente y al máximo.

No dejes para mañana lo que puedes hacer hoy.
(Atribuido a Benjamín Franklin)

Como dije antes, un libro que me ayudó mucho a entender cómo balancear entre disfrutar la vida en todas sus etapas y el ahorro para la vejez. Es un enfoque diferente de lo que tradicionalmente nos han enseñado.

"Die with Zero" o "Morir en Cero":
A la mayoría de nosotros nos han enseñado que debemos ahorrar dinero para la jubilación. Sin embargo, el libro "Die with Zero" de Bill Perkins sostiene que esta recomendación convencional es defectuosa. Perkins argumenta que la mayoría de la gente no necesita ahorrar tanto como cree, y que la jubilación puede ser un período de tiempo más corto de lo que se espera.

Perkins propone un enfoque alternativo de "gasto primero en *diversión* y haciendo actividades que para nosotros son relevantes, ahorro después". Este enfoque reconoce que la vida es impredecible, y que no podemos estar seguros de lo que nos depara el futuro. Por lo tanto, es importante disfrutar de la vida ahora, mientras todavía estamos sanos y activos. Este enfoque, aunque no estoy *100% de acuerdo*, me ha servido para meditar e incorporar importantes elementos en mis planes de vida.

Por supuesto que es importante pensar en los años cuando estemos retirados, pero si no tenemos un balance entre disfrute temprano y el ahorro, sobre todo adelantando actividades que luego no estaremos en buenas condiciones para realizar, podemos terminar con una cantidad de dinero acumulado y lamentándonos de que ya no tenemos la energía, la salud o el entusiasmo para disfrutar de los años que tenemos por delante.

Además, no todo implica una merma importante de nuestros ahorros. Tener un balance y tomar decisiones sobre nuestro disfrute en una edad temprana, nos permite sacar el máximo provecho a la vida en cada una de nuestras etapas de vigor y salud.

Hay varias razones por las que es importante gastar antes nuestro dinero. No sabemos qué condición de salud tendremos en el futuro. Podríamos sufrir un accidente o una enfermedad inesperada que nos impida disfrutar de la jubilación.

Cuántos casos conocemos de personas que, luego de un rutinario examen médico, son diagnosticadas con alguna enfermedad que implica una larga recuperación o que limitará nuestras capacidades físicas.

Por supuesto, es importante gastar nuestro dinero de manera inteligente. No queremos gastarlo todo en cosas que no nos importan. Sin embargo, es esencial encontrar un equilibrio entre ahorrar y gastar. No queremos llegar a la jubilación y arrepentirnos de no haber vivido la vida al máximo.

Aquí hay algunos consejos para utilizar nuestro dinero de manera inteligente:

- Usémoslo en cosas que nos importan. No tiene sentido gastar dinero en cosas que no nos van a dar felicidad o que dure muy corto tiempo.
- Usémoslo en experiencias, no en posesiones. Las experiencias nos dan recuerdos que durarán toda la vida. Cuando viajamos, no solo disfrutamos de conocer sitios y culturas diferentes, sino que esas experiencias siguen vivas, cada vez que vemos fotos, compartimos con amigos o recordamos lo vivido en el viaje.
- Conectar con los demás. Las relaciones son lo que le dan sentido a la vida. Podemos usar nuestro dinero en experiencias que nos permitan conectar con los demás, como salir a cenar, ir al cine o viajar juntos.

- Usémoslo con los demás. Compartir nuestro dinero con los demás nos hace felices.

La vida es finita, por lo que es importante disfrutarla al máximo. Podemos hacer eso usando nuestro dinero de manera inteligente y viviendo el momento presente.

La Importancia de las Amistades y las Relaciones Sociales

"Fortalecer relaciones afectivas, disfrutar del presente y adoptar un enfoque positivo nos permite vivir más."

Existen varios estudios (1) que sugieren una correlación entre una vida social activa y una mejor salud, así como una mayor longevidad. Mantener relaciones sociales significativas puede ayudar a reducir los niveles de estrés. El apoyo emocional de amigos y familiares puede amortiguar el impacto del estrés en el cuerpo, lo que a su vez puede tener un efecto positivo en la salud cardiovascular y el sistema inmunológico.

Si bien no existe una fórmula garantizada para vivir más años, diversos estudios han mostrado que las personas con conexiones sociales sólidas tienden a tener una mayor esperanza de vida en comparación con aquellos que tienen una vida social más limitada.

Al analizar una encuesta sobre Longevidad Saludable de China (4) para investigar la relación entre la actividad social y la longevidad en personas mayores, se examinaron cinco oleadas de datos recopilados entre 2002 y 2018-2019, con 28,563 participantes de edad promedio de 89 años, estos revelaron su frecuencia de actividad social, y los resultados mostraron que aquellos que participaban más frecuentemente en actividades sociales tenían mayores tasas de supervivencia durante el período de seguimiento de cinco años, lo que sugiere que la socialización activa se relaciona positivamente con una mayor longevidad.

Otro estudio con más de 2,000 personas retiradas de más de 50 años, hecho por PEW Research Center (11), encontró que 68% de los encuestados dijeron, entre otras razones, que extrañaban la camaradería y las relaciones sociales que tenían con sus compañeros de trabajo.
La interacción social frecuente puede tener un efecto positivo en la salud mental. Ayuda a combatir la soledad y el aislamiento, lo que puede reducir el riesgo de depresión y ansiedad. (4)

Participar en conversaciones y actividades sociales puede ejercitar el cerebro y proporcionar estimulación mental. Esto se asocia con un menor riesgo de deterioro cognitivo y demencia en la vejez. Las personas que tienen una vida social activa a menudo están más motivadas para llevar un estilo de vida saludable. Participar en actividades sociales puede fomentar la práctica de hábitos beneficiosos para la salud, como hacer ejercicio regularmente y mantener una dieta equilibrada.

Una vida social activa no solo ofrece oportunidades para intercambiar información y experiencias sobre salud y bienestar, sino que también facilita el acceso a recursos de atención médica y servicios de apoyo esenciales en la vejez. Es crucial destacar que la calidad de las relaciones sociales, como tener un grupo reducido de amigos cercanos y significativos, es tan importante como la cantidad, siendo a menudo más beneficioso que numerosas conexiones superficiales.

Aunque la investigación ha encontrado asociaciones positivas entre la vida social activa y la salud, cabe señalar que la causalidad no siempre está clara. Es posible que las personas con buena salud tengan más probabilidades de mantener una vida social activa, en lugar de ser la interacción social en sí misma la causa principal de una mejor salud. No obstante, la evidencia respalda la idea de que la interacción social juega un papel importante en el bienestar físico y emocional a lo largo de la vida.

Es relevante cultivar amistades de diferentes edades y mantener contactos con viejas amistades. Tener amistades con personas más jóvenes nos permite mantenernos actualizados, recibir apoyo y compartir experiencias enriquecedoras. La diversidad en las edades, experiencias e incluso personas de otras nacionalidades nos proporciona nuevas vivencias y contribuye a nuestra satisfacción y bienestar.

Por ejemplo, si hemos trabajado durante muchos años en un sector específico, mantener contactos con personas más jóvenes en ese mismo campo nos brinda la oportunidad de intercambiar conocimientos, recibir y brindar consejos, y participar en discusiones relevantes. Nuestra experiencia en el área será apreciada.

Además, podemos explorar intereses compartidos con amigos de diferentes generaciones, como la música, el arte o el deporte, lo cual genera una conexión auténtica y duradera.

Poniendo en práctica lo que digo, hace ya varios años, me he unido a un grupo de amigos, algunos excompañeros de trabajo. Nos reunimos semanalmente en un bar local. Cada semana debatimos temas de actualidad, recordamos viejas anécdotas y en ocasiones compartimos experiencias sobre temas o vivencias que a algunos nos toca vivir antes que a otros.

Ya que algunos trabajan y otros están retirados, el grupo se conforma por variadas mezclas de personas viviendo diferentes etapas de su vida y edades, lo cual lo hace muy ameno.
Nos reunimos en horario de "HORA FELIZ" y por pocas horas, para mantener los costos bajos y la vida en orden.

Son varios los estudios que muestran que mantenerse activo y conectado con familiares y amigos ayuda a vivir más y "hasta nos ayuda a sanar el alma".

Fortalecer y Mantener Vínculos Personales con la Familia y Amigos

"Una comunicación positiva fortalece lazos afectivos, brindando alegría y plenitud para vivir cada día con gratitud y satisfacción."

Luego de ver en el capítulo anterior "La Importancia de las Amistades y las Relaciones Sociales", considero igualmente relevante lo que podemos hacer nosotros, para fortalecer, mejorar e incrementar dichas relaciones.

La familia y los amigos son de suma importancia a medida que nos adentramos en la vejez. Estas relaciones cercanas juegan y continuarán desempeñando un papel fundamental en nuestra vida. Mantener una comunicación abierta, afectuosa y armoniosa con nuestros seres queridos se convierte en un pilar esencial para hacer esta una etapa llena de alegría y felicidad (1).

La presencia de la familia y amigos nos brinda un invaluable apoyo emocional, un sentido de pertenencia y una red de cuidado en los momentos en que más lo necesitamos. Las risas y recuerdos compartidos y el cariño mutuo enriquecen nuestro día a día y nos ayudan a enfrentar los desafíos nuestros.

El tiempo que pasamos con nuestros seres queridos se vuelve aún más precioso en la vejez, aprender a valorar cada encuentro y cada palabra compartida nos permite estrechar los lazos y fortalecer estas conexiones vitales. Las conversaciones cálidas, el apoyo mutuo y la comprensión incondicional, son pilares que nutren nuestra alma y nos brindan una sensación de plenitud y bienestar.

En algunos entornos familiares conseguir este acercamiento puede ser difícil, si no se dan espontáneamente de manera frecuente, podemos promoverlos, manteniendo una comunicación abierta, planificando encuentros, creando tradiciones como comidas periódicas, excursiones anuales, celebración de cumpleaños o fechas memorables, incluso el uso de tecnología para "acercar" a miembros más lejanos o limitados en el tiempo.

Promover encuentros con familiares y amigos debe ser un esfuerzo continuo para fortalecer las relaciones y crear recuerdos duraderos.

Cultivar estas relaciones y mantener una buena comunicación nos impulsa a vivir la vejez con gratitud, amor y una profunda satisfacción. En última instancia, son estos lazos afectivos los que dan forma a una vida llena de significado y nos enriquecen con experiencias compartidas que atesoraremos por siempre en nuestro corazón.

Absolutamente, mantener amistades saludables y duraderas implica una reciprocidad en la relación. Es fundamental que tanto nosotros como nuestros amigos estemos dispuestos a dar y recibir apoyo, afecto, comprensión y tiempo. Una amistad enriquecedora se construye sobre la base de la confianza, el respeto y el interés genuino en el bienestar del otro.

Para mantener amistades sólidas, es importante estar presentes en la vida de nuestros amigos, mostrar interés en sus experiencias, escuchar activamente y ofrecer nuestro apoyo cuando lo necesiten. Al mismo tiempo, debemos ser capaces de expresar nuestras emociones, necesidades y pensamientos de manera abierta y honesta, para que la comunicación sea fluida y genuina.

Además de estar ahí en los momentos difíciles, también es esencial celebrar los éxitos y logros de nuestros amigos, mostrando alegría y gratitud por tenerlos en nuestras vidas. La empatía, la comprensión y la capacidad de ponerse en el lugar del otro son cualidades valiosas que nutren las amistades y fortalecen los lazos afectivos.

Es importante comprender que nuestra familia y amigos no están exclusivamente para servirnos y atendernos en nuestra vejez, sino para compartir momentos, apoyarse mutuamente y fortalecer los lazos afectivos. Al entender esto, evitaremos caer en la frustración y acciones que puedan deteriorar nuestras relaciones.

En lugar de esperar que nuestros hijos y familiares satisfagan todas nuestras necesidades, podemos enriquecer nuestra relación asumiendo un rol más activo en nuestro propio cuidado y viéndolos como un apoyo selectivo y mutuo.

Entender cómo somos percibidos y el impacto en nuestras relaciones nos ayudará a modelar nuestro comportamiento para nuestro bienestar, así como también aportar más a la felicidad de nuestra familia y amigos.

No es poco común que familiares y amigos se alejen de las personas mayores.

Conocemos historias de familias en las que uno de varios hijos mantiene una relación cercana con sus padres o familiares mayores, y el resto se mantiene a distancia, dejando todo el peso de la relación y ayuda a uno o pocos miembros de la familia y creando situaciones de desgaste y estrés.

Recomendaciones: La comunicación efectiva es fundamental para fortalecer los vínculos familiares y personales durante la vejez. Evitemos repetir constantemente las mismas historias y enfocarnos en aspectos negativos. En su lugar, busquemos nuevas historias y conversaciones interesantes, y centrémonos en aspectos positivos de la vida. También destacaremos la importancia de adaptarnos a los cambios físicos y emocionales, aceptarnos y valorarnos en el presente. Cultivemos amistades y participemos en actividades sociales que brindan conexiones nuevas y compañía.

Enfoquémonos en el mundo que "ES" y no al que "FUE", destacar lo bueno de los cambios y mirarlos a través del cristal del "progreso" y no solo de la "añoranza"

Para fomentar la comunicación en ambas vías, debemos tener cuidado de las posibles dificultades físicas que podríamos tener, tales como limitaciones auditivas o visuales. Estas podrían aminorarse con el uso de lentes de corrección y aparatos auditivos.

Esto es importante, ya que, aunque nosotros no lo notemos, estas limitaciones no atendidas fuerza a los demás a repetir y repetir lo que dicen o impide que compartamos con otros, creando un distanciamiento en la comunicación y frustrándonos a todos.

Yo lo viví con mi madre en sus últimos años de vida, ella tenía dificultades para escuchar y para leer, aunque tenía aparatos para mejorar su audición, no los usaba casi nunca. Pienso que ella tenía una aversión a usarlos, ya que para ella era un síntoma de que estaba "vieja" (ya tenía más de 85 años).

Esto trae como resultado varias situaciones nada positivas: Cuando nos reuníamos a conversar, prácticamente era un monólogo por parte de ella, ya que cada frase que yo deseaba expresar, cada respuesta que yo daba había que repetirlas varias veces, y hablar en un tono de voz muy alto.

Con el tiempo, tanto yo como otras personas, limitábamos nuestras palabras hacia ella, lo cual claramente impedía la comunicación. En varias ocasiones, al preguntarle algo, mi madre, respondía otra cosa, lo cual era algo jocoso, pero a la vez problemático.

Ni hablar del nivel de volumen de su televisor, debía ser super alto.
¡Que fácil era evitar todo esto con un aparato de ayuda auditiva!, sin embargo, nunca la pude convencer a usarlos.

Concentrémonos en hablar de lo positivo más que en lo negativo, ya que esto puede generar aburrimiento y alejar a las personas de nuestra compañía. *Rara vez te lo dirán de frente.*
Busquemos nuevas historias y conversaciones interesantes que enriquezcan nuestras interacciones.

Tocar temas de actualidad y compartir opiniones al respecto será interesante.

Estas son algunas sugerencias que te pueden ayudar a tener una comunicación activa y entusiasta:

- *No "secuestremos" las conversaciones*, escuchemos activamente a los demás. Adaptar nuestros temas de conversación y cuidar nuestra capacidad de escuchar y ver son aspectos clave para mantener relaciones gratificantes y evitar distanciamientos. Al expresarnos, evitemos hacer explicaciones detalladas que pueden llevar a pérdida de atención y aburrimiento. Al hacerlo, cultivaremos relaciones y disfrutaremos de una vida más feliz y enriquecedora para nosotros y para aquellos que nos rodean.
- *Sé consciente de tu audiencia:* Adapta tu nivel de detalle y la extensión de tus historias según la persona con la que estés hablando. Observa las señales de desinterés, como mirar hacia otro lado, bostezar, mostrar impaciencia o desconexión. Si notas estas señales, ajusta tu comunicación y mantén la conversación enfocada y al punto clave. Escucha activamente y presta atención a las señales no verbales y verbales de la otra persona para asegurarte de mantener su interés y participación en la conversación.
- Comunica tus ideas de manera clara y concisa, evitando divagar o entrar en demasiados detalles innecesarios.

- Es importante reconocer que la comunicación directa puede ser difícil para algunas personas y que los momentos que compartimos con nuestros seres queridos deben ser agradables para ellos. Prestemos atención a las señales corporales y sutiles, reflexionemos sobre nuestras actitudes y acciones, y busquemos formas de mejorar la calidad de nuestras interacciones.
- Debemos cuidar nuestra empatía con los amigos que tienen posiciones distintas a las nuestras, sobre tópicos polémicos, evitamos "confrontar" a las personas que queremos.
- *Debemos evitar* que cada contacto, visita y llamada telefónica con familiares y amigos cercanos *se enfoque únicamente en temas negativos* o enfocarlos en visitas médicas y hablar de nuestras enfermedades, dolencias y medicamentos. Limitar la interacción familiar a estos temas puede distanciarnos, incluso en momentos destinados a disfrutar de buenos momentos juntos. En su lugar, compartamos logros y metas. Si no tienes logros recientes de mérito propio o simplemente no estás con el ánimo de conversar acerca de ti mismo, celebremos los éxitos de nuestros seres queridos. Esto creará un ambiente más agradable y fortalecerá nuestras relaciones.
- Cuando necesitemos la ayuda de otros para llevar a cabo alguna actividad o realizar una visita a un centro médico, u otra situación en la que necesitemos involucrar a alguien más, es importante hacerlo con suficiente tiempo y planificación. Esto es más efectivo y minimiza las interrupciones en la rutina de la otra persona.

Aunque uno de los objetivos de este libro, es la autonomía e independencia del adulto mayor, hay situaciones excepcionales, como veremos en el capítulo "*Cuando Todo Sale Mal*" en el que se presenta una situación "catastrófica", *la formación de una familia basada en el amor y la solidaridad* puede ayudar a sustentar y apoyar más en la vejez no solo emocionalmente sino financieramente.

Logrando superar con buen ánimo y con la ayuda de ellos las situaciones críticas no planificadas.

Construir esto no es simple, el núcleo familiar debe favorecer la transmisión de valores, el buen desarrollo emocional y físico de los miembros, y la atención a componentes esenciales como la comunicación, límites claros, expresión emocional y resolución de conflictos.

El amor en la familia debe actuar como un soporte saludable que brinde seguridad para el crecimiento individual y la toma de decisiones propias, evitando limitaciones y promoviendo la comprensión, aceptación, protección y cuidado mutuo. En última instancia, el amor en la familia es un elemento crucial que nutre y enriquece, permitiendo a cada miembro crear la vida que desea en libertad.

Para lograr esto, la comunicación abierta y honesta juega un papel fundamental, permitiendo que los miembros compartan sus pensamientos y necesidades libremente. Expresar amor y afecto de manera regular, a través de gestos simples como abrazos, palabras alentadoras y actos de servicio, fortalece los lazos familiares.

La solidaridad y la comprensión mutua son vitales, requiriendo disposición para apoyarse en los momentos difíciles. Además, se pueden seguir consejos prácticos, cómo pasar tiempo de calidad juntos, un padre o madre que ayuda con la tarea, una madre o padre que prepara la cena, un hermano/a que escucha en momentos difíciles, establecer tradiciones familiares y aprender a perdonar, para cultivar una familia sólida.

Cultivar una comunicación efectiva, compartir intereses y celebrar momentos especiales nos permitirá fortalecer nuestros lazos afectivos, enriquecer nuestras relaciones y disfrutar.

A medida que avanzamos en esta etapa de la vida valorar cada encuentro con nuestros seres queridos y apreciar las pequeñas cosas nos ayudará a crear recuerdos positivos y duraderos.

La comunicación es una herramienta poderosa para construir y mantener conexiones relevantes que nos brinden satisfacción. Así que, aprovechemos cada oportunidad para compartir momentos especiales y mantener vivos los lazos con nuestros seres queridos.

Celebrando la Diversidad de Experiencias

"La diversidad de experiencias y el compartir conocimientos, trasciende las fronteras generacionales y construyen conexiones significativas."

En la sociedad actual, es común encontrar percepciones negativas o estereotipos hacia los adultos mayores. Algunas personas creen que sus opiniones carecen de relevancia y que su experiencia ya no es útil en el mundo en constante cambio. Sin embargo, es importante reconocer que estas generalizaciones no son precisas ni justas.

En realidad, todas las generaciones aportan una riqueza única de conocimientos, perspectivas y experiencias que mejoran nuestra sociedad. Para fomentar un ambiente de respeto y valoración mutua entre todas las edades, es fundamental abrir canales de comunicación y promover la empatía.

Imaginemos un mundo en el que nos escuchemos unos a otros sin prejuicios, donde las voces de jóvenes, adultos y personas mayores se mezclan para compartir sus ideas y sabiduría. En este entorno de diálogo abierto, cada generación aprende de las demás, desafiando los estereotipos y derribando barreras.

La empatía juega un papel clave, ya que las personas jóvenes pueden apreciar la experiencia acumulada por las personas mayores a lo largo de su vida, mientras que estas últimas pueden encontrar inspiración en la energía y creatividad de las generaciones más jóvenes.

La colaboración intergeneracional se convierte en un terreno fértil para el crecimiento y la innovación. Juntos, trabajamos hacia objetivos comunes, combinando la experiencia con la frescura de nuevas perspectivas. Las diferencias de edad no son obstáculos, sino puentes para construir un futuro mejor para todos.

El reconocimiento de que nadie es obsoleto es fundamental. La validez de las opiniones no se limita a la edad, sino a la voluntad de escuchar, aprender y adaptarse. En este espacio de apertura mental, cada individuo encuentra la libertad para evolucionar y enriquecerse. Hay que reconocer que el mundo que nos rodea ha cambiado, no juzgar las nuevas ideas o tendencias nos permite entender mejor nuestro entorno e integrarnos más fácilmente.

Compartir experiencias, conocimientos y emociones nos une y fortalece nuestra identidad. Apreciamos la diversidad y entendemos que cada generación contribuye de manera significativa a nuestro colectivo. Juntos, trascendemos las fronteras generacionales y creamos un futuro más compasivo y equitativo.

A continuación, te presento algunas recomendaciones para fomentar una convivencia armoniosa y enriquecedora entre todas las generaciones en nuestra vida cotidiana. Estas sugerencias nos permitirán construir relaciones más sólidas, aprendiendo unos de otros y disfrutando la diversidad de perspectivas y experiencias que cada generación aporta:

- Escucha activamente a tus familiares y amigos de diferentes edades, mostrando interés genuino en sus historias y opiniones. Permíteles expresarse sin interrupciones y sin juzgar sus puntos de vista.
- Organiza actividades en las que participen personas de distintas edades, incluye a viejos amigos del trabajo, reuniones familiares, comidas compartidas o eventos comunitarios. Esto permitirá que todos se conozcan mejor y compartan experiencias.
- Evita los estereotipos y prejuicios relacionados con la edad, género, religión y políticos. Reconoce y valora las habilidades y sabiduría que cada generación aporta, sin generalizar sobre sus capacidades.
- Anima a tus seres queridos a aprender unos de otros. Por ejemplo, los jóvenes pueden enseñar habilidades tecnológicas a los mayores, mientras que los mayores pueden compartir conocimientos y lecciones de vida con los jóvenes.
- Practica la empatía y la comprensión hacia las situaciones y desafíos que enfrentan las personas de diferentes edades. Trata de comprender sus perspectivas y sentimientos sin juzgarlos.
- Celebra las ocasiones especiales y logros de todas las generaciones de manera equitativa, asegurándose de reconocer y valorar las contribuciones únicas que cada grupo aporta a la familia o comunidad.

En conclusión, la valoración intergeneracional es esencial. Al apreciar y aprender de todas las generaciones, tejemos un lazo de respeto más unido.

Cada generación es un pilar fundamental en la construcción de nuestro camino compartido hacia la armonía.

Tu Marca Personal en el Retiro

"Desarrollar tu marca personal basada en tus pasiones e intereses deja una huella positiva, influye cómo deseas ser recordado"

Aunque una persona mayor puede no estar enfocada en su carrera profesional, aún puede aplicar los conceptos de "marca personal" para desarrollar su identidad y destacar en otras áreas de su vida.
Especialmente si decide enfocarse en una nueva pasión en un área diferente a las que hacía previo al retiro.

La marca personal es una representación de quién eres y lo que ofreces al mundo. Se construye a lo largo del tiempo a través de tus acciones, palabras y presencia.

Nuestra marca personal influye en cómo nos perciben y cómo queremos proyectarnos a otras personas.

El retiro puede ser un momento de transición para la marca personal. Es un momento para reflexionar sobre lo que has logrado y lo que quieres lograr en el futuro. También es un buen tiempo para considerar cómo quieres ser percibido por los demás. Aquí hay algunas cosas que puedes hacer para adoptar o cambiar tu marca personal luego del retiro:

- Define tus valores y objetivos: ¿Qué es importante para ti? ¿Qué quieres lograr en el retiro? Una vez que tengas claro tus valores y objetivos, puedes comenzar a desarrollar una marca personal que los refleje.
- Considera tus habilidades y experiencia: ¿Qué habilidades y experiencia tienes que ofrecer al mundo? ¿Cómo puedes usarlas para hacer una diferencia? Tus habilidades y experiencia son la base de tu marca personal.
- Define tu público objetivo: ¿A quién quieres llegar con tu marca personal? Una vez que sepas a quién quieres llegar, puedes adaptar tu mensaje y contenido para que sea relevante para ellos.
- Construye tu presencia en línea: Tu presencia en línea es una herramienta poderosa para construir tu marca personal. Asegúrate de tener un sitio web o blog actualizado que refleje tus valores y objetivos. También puedes usar las redes sociales para conectarte con tu público objetivo y compartir tu contenido.
- Sé consistente, la consistencia es clave para construir una marca personal sólida. Asegúrate de ser consistente en tu mensaje, contenido y acciones.

El retiro puede ser un momento para reinventarse y crear una nueva marca personal que refleje tus valores, objetivos y habilidades. Tomando el tiempo para reflexionar y planificar, puedes crear una marca personal que te ayude a alcanzar tus metas en el retiro.

En la jubilación, tienes la oportunidad de redefinir tu marca personal. Puedes centrarte en tus pasiones, intereses y valores. Puedes también usar tu experiencia y conocimientos para ayudar a otros.

En esta etapa, la marca personal se podría enfocar en cómo deseas vivir tu vida, qué impacto deseas tener y cómo deseas relacionarte con los demás. Ser auténtico, seguir tu pasión y utilizar tu experiencia para influir y contribuir en la comunidad y en las áreas de interés son aspectos clave para el desarrollo de esta marca personal.

La marca personal no se limita solo a nuestra apariencia externa, sino que abarca nuestras acciones, valores, habilidades, experiencia y la forma en que nos comunicamos con los demás.

La revisión de la marca personal puede ayudar a definir desde cómo te vistes, qué actividades nuevas puedes incorporar y cómo crear un impacto en los demás. Al reflexionar sobre tus intereses, pasiones y valores, puedes descubrir qué te apasiona y cómo puedes utilizar tus fortalezas y experiencia para crear un impacto y contribuir en tu comunidad o en áreas que te importan.

Una revisión de nuestra marca personal influirá en cómo nos perciben y cómo queremos proyectarnos a otras personas en esta nueva etapa de nuestras vidas.

Para explicarme mejor, aquí unos ejemplos de marca personal:

El Mentor Inspirador: Un experimentado profesional puede ser un mentor inspirador para jóvenes emprendedores o profesionales en busca de orientación. Su marca personal se fundamenta en la generosidad al compartir conocimientos y en el impacto positivo en las vidas de quienes lo rodean.

Abuelo/a Cariñoso/a: Se destaca por ser el pilar afectivo de la familia y que brinda amor incondicional a sus hijos y nietos. Su marca personal se basa en la calidez, la empatía y la dedicación a sus seres queridos, creando un ambiente acogedor y reconfortante para todos.

Voluntario Comprometido: Una persona que, después de jubilarse, decide dedicar su tiempo y habilidades a causas benéficas y actividades de voluntariado. Su marca personal se construye sobre el compromiso social y la contribución desinteresada a la comunidad, inspirando a otros a hacer lo mismo.

Artista Apasionado: Un individuo que ha descubierto su pasión por el arte y la creatividad en la tercera edad. Ya sea pintura, música, escritura o cualquier otra forma de expresión artística, su marca personal se centra en la perseverancia y la capacidad para encontrar nuevas formas de autodescubrimiento y enriquecimiento personal.

Un emprendedor innovador: Alguien que inicia un nuevo proyecto o negocio en la vejez y se distingue por su valentía al afrontar desafíos y adaptarse a cambios de mercado. Desafía los estereotipos relacionados con la edad y el éxito empresarial, construyendo una marca personal basada en su capacidad de innovación y resiliencia.

Deportista Activo: Una persona que se mantiene físicamente activa y participa en actividades deportivas o competiciones, desafiando la idea de que la edad es una barrera para mantenerse en forma y saludable. Su marca personal destaca la vitalidad y la energía que irradia en su estilo de vida activo.

Conferencista Inspirador: Un individuo que ha superado adversidades o ha logrado un gran éxito en su vida y ahora comparte su historia a través de conferencias y charlas motivacionales. Su marca personal se centra en la resiliencia y la capacidad para inspirar a otros a superar obstáculos y perseguir sus sueños.

Defensor de Causas Sociales: el individuo que ha dedicado su vida a luchar por causas sociales o derechos humanos, convirtiéndose en una voz activa para el cambio social. Su marca personal se construye sobre el activismo y el compromiso con la justicia y la igualdad.

En conclusión, cada individuo, sin importar su edad, puede aplicar conceptos de marca personal para desarrollar su identidad y destacar en diferentes áreas de la vida. Encontrar su pasión, influir y contribuir en la comunidad y mantener una actitud auténtica son aspectos esenciales para construir una marca personal de importancia y enriquecedora.

Mi marca personal ha evolucionado de una imagen ejecutiva y corporativa a una más familiar, emprendedora e informal, gracias a mi interés en la tecnología y la disposición para explorar nuevas áreas. Esta evolución refleja mi diversidad de roles y prioridades a lo largo del tiempo.

Antes, mi enfoque estaba en el liderazgo empresarial, vistiendo de manera formal. Ahora, en mi retiro, me proyecto una imagen más informal y me enfoco en la familia y el emprendimiento.

Esta imagen y comportamiento refleja una conexión más estrecha y personal. Me gusta mantener a mis familiares y amigos actualizados sobre los temas tecnológicos más recientes, aprecio mucho mantener una mentalidad contemporánea y un interés continuo por la innovación, disfruto adaptarme a diferentes contextos.

Cuida tu Salud Física y Mental

"La salud física y mental promueve una vida activa y satisfactoria. Previene enfermedades y mejora el bienestar emocional."

Los avances en la medicina, tecnología, la alimentación y el estilo de vida han contribuido a un aumento significativo de la esperanza de vida en las últimas décadas. Esto nos obliga a pensar en nuestra salud de una manera diferente. Si esperamos vivir hasta los 90 años o más.
Debemos asegurarnos de mantener nuestro cuerpo y nuestra mente sanos para poder disfrutar de cada año de vida al máximo.

Es entonces prioritario mantener un estilo de vida saludable. Esto incluye una dieta equilibrada, ejercicio regular, y evitar el tabaco, las drogas y el alcohol en exceso.

La salud mental es tan importante como la salud física, y debemos aprender a controlar el estrés y la ansiedad.
Mantener una buena salud física y mental es fundamental para disfrutar de una vida placentera por muchos años

Al planificar nuestro disfrute de la vida, podremos exprimir al máximo lo que hacemos y asegurarnos de completar nuestra "Lista de Deseos" y vivir al tope cada una de las actividades importantes para nosotros.

A medida que se avanza en edad, es importante considerar que el metabolismo y la actividad física no son los mismos que antes. Mucha gente recomienda seguir un programa de visitas periódicas con el médico para realizar chequeos de salud, evaluaciones preventivas y control de enfermedades crónicas.

El hacer recomendaciones específicas sobre los mejores alimentos, regímenes de alimentación, considero están fuera del alcance de este libro, es un tema que está ampliamente discutido por expertos en el área y yo no soy uno de ellos.

Sólo haré notar que es muy importante tener una dieta balanceada que nos ayude en nuestro objetivo de tener una vida sana para los años que vienen por delante y tener una vejez en las mejores condiciones de salud posible.
Es importante incorporar actividades físicas adecuadas a la condición y capacidad. Sugiero consultar con un profesional antes de comenzar cualquier rutina de ejercicios.

Por ejemplo, yo comencé caminatas diarias de 30 minutos en el vecindario, como es algo que nunca ha sido de mi mayor agrado, aprovecho de escuchar audiolibros o "PODCAST" de temas interesantes para mí y eso me ayuda mucho hacer mi rutina con entusiasmo.

Conozco personas que prefieren practicar desde la comodidad del hogar siguiendo tutoriales en línea.

Mi madre, quien vivió con total lucidez hasta los 90 años, hacía y promovía entre sus amigos el hacer ejercicios.

Ella confesó que empezó a hacer ejercicio a los 50 años, tiempo después hizo su primer maratón.

No paró de caminar y hacer ejercicios de flexión etc. hasta los 80 años.

En mi caso personal, yo siempre he luchado con el exceso de peso, aunque nunca fumé, lo cual espero me ayude en mi salud, aún no sé en qué medida el haber estado tantos años con sobrepeso me va a afectar mi expectativa de vida. Sin duda, el sobrepeso ya me ha afectado las rodillas (las cuales tuve que reemplazar por prostéticas), y problemas de columna que me generan molestias no menores al tener actividades físicas "fuertes". Sigo en esa lucha y espero ganarles a las libras en exceso muy pronto. ¡Más vale tarde que nunca!

No se debe descuidar la salud mental. Ya has acumulado experiencias y responsabilidades, es crucial prestar especial atención a tu salud cognitiva.

Es importante mantener una actitud positiva, buscar apoyo emocional cuando sea necesario y considerar la posibilidad de consultar a un profesional de la salud en esta área.

Aquí se presentan algunas estrategias y enfoques para mejorar tu salud mental en esta fase vital.

- *Liberarse de Preocupaciones Excesivas:*
  Es común que las preocupaciones sobre la familia, las finanzas, la casa, el automóvil y otros aspectos cotidianos ocupen un lugar central en la mente. Sin embargo, es fundamental reconocer que has cumplido con tus responsabilidades y que ahora es el momento de priorizar tu propio bienestar. Deja de preocuparte en exceso por lo que solías hacer regularmente. Considera que has contribuido significativamente a la vida de quienes te rodean, tu pareja, hijos y nietos, y ahora es el momento de enfocarte en ti mismo.
  "El 90% de las cosas que nos preocupan, jamás suceden".

- *Reconoce tu Tiempo de Vivir:*
  A medida que avanzas como adulto mayor, es esencial reconocer que has vivido una vida plena, llena de experiencias y contribuciones. Ahora es el momento de disfrutar y vivir para ti mismo. Deja de lado las preocupaciones constantes por los demás y concéntrate en tus propias necesidades y deseos. Esto no significa desvincularte de tus seres queridos, sino encontrar un equilibrio saludable entre cuidar de ti mismo y mantener conexiones significativas.

- *Fomenta una Mentalidad Positiva:*
  Cambia tu perspectiva hacia una mentalidad más positiva. Enfócate en las experiencias positivas y en las cosas que te brindan alegría y satisfacción. Aprecia los logros pasados y mira hacia el futuro con optimismo. La vida en esta etapa puede estar llena de nuevas oportunidades y descubrimientos.

- *Cultiva Relaciones:*
  En el capítulo "La Importancia de las Amistades y las Relaciones Sociales", trata el tema de la importancia de las relaciones sociales para la sanidad mental.
  Aunque es importante liberarse de preocupaciones excesivas,

no descuides las relaciones. Mantén conexiones frecuentes con amigos y familiares, pero hazlo de una manera que no comprometa tu propia salud mental. Disfruta de la compañía de personas que te aporten energía positiva y apoyo.

- *Encuentra Placer en las Pequeñas Cosas:*
Descubre la alegría en las pequeñas cosas de la vida cotidiana. Ya sea disfrutando de un buen libro, explorando nuevos pasatiempos, la meditación, el arte o la música o simplemente tomándote un tiempo para relajarte, encuentra placer en actividades que te brinden satisfacción personal.

Al aplicar estos métodos, puedes elevar tu salud mental y bienestar, logrando un equilibrio entre tu felicidad y las relaciones valiosas en tu vida. Cuidarte no es egoísmo; es fundamental para disfrutar de una vida plena en cualquier etapa.

Solidaridad con familiares y amigos afectados con dolencias mentales

Aprovecho este capítulo para hacer un punto de reflexión sobre un tema que incorpora la importancia de las relaciones sociales, la solidaridad y la salud mental.

Es posible que algún familiar o amigo se vea afectado por determinada enfermedad que pueda impactar sus habilidades cognitivas, de memoria o su claridad mental.

Estas condiciones suelen progresar gradualmente. Por el cariño y la amistad de años, es esencial apoyar, visitar y/o llamar frecuentemente a nuestro amigo, ayudándolo a él y a su familia en este proceso difícil. Los problemas mentales afectan a toda la familia y el estigma puede impedir buscar ayuda. Hablar abiertamente y fomentar la comprensión y empatía es crucial.

Plan de Retiro, Planificación Financiera y Emprendimiento

"La Planificación financiera sólida nos proporciona seguridad y bienestar"

Como parte de tu planificación para la vida, se debe incluir la planificación financiera con un robusto Plan de Retiro, crear y compartir un Registro de Activos, tener redactado un testamento o establecer un fideicomiso para garantizar la gestión ordenada y justa de tus bienes tras tu fallecimiento.

En este capítulo, voy a profundizar en los aspectos cruciales para diseñar un plan de retiro efectivo. Para aquellos que residen en Estados Unidos, he incluido el "Apéndice A "al final del libro que detalla las condiciones, regulaciones y consideraciones fiscales relevantes. Además, en el "Apéndice B ", te mostraré cómo utilizar una hoja de cálculo que he desarrollado específicamente para ayudarte a crear tu propio plan de retiro. En el "Apéndice C", están los valores promedios en los Estados Unidos para inflación, incrementos de salario entre otros. Esto es por si quieres ver un resultado rápido y quieres usarlo solo para luego usar tus propias estimaciones.

También te explicaré cómo puedes obtener esta Hoja de Cálculo sin ningún costo.

Un testamento o un Fideicomiso, te permiten expresar claramente tus deseos con respecto a la distribución de tus propiedades, activos y responsabilidades financieras, brindando una guía clara a tus seres queridos y evitando posibles disputas familiares, sobre este tema comento más ampliamente en el capítulo sobre "Mi partida".

Emprendiendo un negocio en los años dorados

Muchas personas se "retiran" de su empleo alrededor de los 60 o 65 años, luego de sus primeros 30 o 40 años de trabajo, si consideramos que podemos llegar a vivir hasta los 85 o 90 años, aún podríamos tener unos 20 o 30 años más de vida luego de estar "retirados".

Esto confirma lo importante de tener un plan que nos permita saber las acciones que debemos tomar para tener los ingresos necesarios para esta gran cantidad de años por venir. Le voy a dedicar una buena parte de este libro a discutir las diferentes situaciones, posibilidades de ahorro y cómo proyectar nuestros futuros ingresos a través de tu plan financiero de retiro.

Para muchas personas, esta nueva etapa puede ser una oportunidad para emprender un negocio nuevo, y de eso escribiré a continuación.

Hay muchas razones por las que las personas mayores pueden considerar emprender un nuevo negocio.

En primer lugar, la jubilación puede representar una nueva ocasión para trabajar en algo que te apasiona. La jubilación puede ser el momento de dedicarse a otra actividad que te motive y haga sentir realizado.

En segundo lugar, la jubilación puede ser el momento para desarrollar nuevas habilidades. Las personas mayores tienen una gran experiencia y conocimientos, pero también pueden estar interesadas en aprender nuevas cosas. Emprender puede ser una nueva ocasión para desarrollar nuevas habilidades y conocimientos, lo que puede ser muy gratificante.

En tercer lugar, la jubilación puede ser una etapa en la vida en la que se continúa generando ingresos. Las pensiones pueden no ser suficientes para cubrir todos los gastos, sobre todo si queremos una vida activa y con entretenimiento. Emprender un nuevo negocio o emplearse puede ser una forma de complementarlas.

En el viaje del emprendimiento para adultos mayores, resulta prudente dirigirnos hacia oportunidades que minimicen la carga financiera y el riesgo.
La tecnología, la medicina y nuevos estilos de vida avanzan, ahora es más fácil movilizarse y mantenerse activo para trabajar.
Si te decides a empezar un emprendimiento, te sugiero explorar emprendimientos que no requieran grandes inversiones de capital ni representen riesgos económicos significativos. Además, es aconsejable optar por opciones que no demanden una actividad física extenuante.
Evalúa el esfuerzo físico necesario, ya que las personas mayores pueden tener menos energía que cuando eran jóvenes y también pueden tener que lidiar con problemas de salud.

Aunque contamos con varios años por delante, es importante considerar que la capacidad de recuperación de un posible contratiempo puede ser prolongada o, en términos económicos, desafiante. Este enfoque permite disfrutar del proceso emprendedor sin comprometer el bienestar financiero a largo plazo.

Al elegir un negocio para emprender en la jubilación, es importante considerar el tipo de trabajo que se quiere realizar. Elige un negocio que se ajuste a tus habilidades y capacidades. Por supuesto, emprender en la jubilación también tiene sus desafíos.
Sin embargo, estos desafíos no deben ser un impedimento para emprender si te apasiona lo que vas a hacer.

Con una buena planificación y preparación, las personas mayores, con su experiencia, pueden tener éxito en el emprendimiento.

Son innumerables las posibilidades de emprender un nuevo negocio, aquí unos ejemplos:

- *Emprendimiento en Servicios*: Las personas mayores pueden tener una gran experiencia en servicios como la atención al cliente, la consultoría o la enseñanza. Estos servicios pueden ser prestados a domicilio o en línea.
- *Arte y artesanía:* Las personas que tienen habilidades artísticas o artesanales pueden vender sus productos en línea o en mercados locales.

- *Emprendedores sociales*: Puedes usar tus habilidades y experiencia para ayudar a otros. Por ejemplo, puedes crear una empresa que ofrezca servicios a personas mayores o personas con discapacidad.
- *Gerencia o asesoría a empresas*: Las habilidades y experiencia de gestión, administración, gerencia y ventas son muy valiosas y escasas, esto es una oportunidad interesante a las personas retiradas que desean continuar en esta área.
- *Emprendedor en Gastronomía:* Un adulto mayor, puede transformar su pasión por la cocina tradicional en un restaurante que combina recetas clásicas con un toque moderno. Su negocio no sólo deleitaría a paladares de todas las edades, sino que también se puede convertir en un espacio de encuentro y aprendizaje, demostrando cómo la experiencia de vida enriquece el emprendimiento.

Una vez que analices los posibles escenarios, es momento de hacer una planificación financiera detallada de tu emprendimiento, asegurando así un futuro libre de malas sorpresas.

Te recomiendo buscar asesoramiento financiero y establecer un plan que se ajuste a las necesidades y metas.

Es fundamental planificar y determinar las actividades para el retiro *unos años antes de alcanzarlo,* especialmente si implica alguna inversión. Mi experiencia me ha enseñado que una vez retirados, todo parece más costoso. Por lo tanto, si se puede combinar el trabajo regular antes de retirarte con el inicio de la próxima aventura, será más fácil lograr los objetivos.

A veces, el momento del retiro puede ser impulsado por un

despido involuntario, ya sea por razones laborales o de salud. En cualquier caso, si se comienza a planificar con antelación, se estará mejor preparado para enfrentar cualquier situación imprevista.

Experiencia de un amigo

Un amigo trabajaba en una corporación de consumo masivo. Un día, debido a una reducción masiva de personal, se quedó sin empleo. Siempre había querido emprender su propio negocio, al ser despedido, no estaba preparado y enfrentaba la presión de cubrir los gastos familiares. No quería arriesgar sus ahorros en un emprendimiento incierto. Recuerdo claramente cómo me confesó que lamentaba no haber dedicado tiempo extra y algunos fines de semana mientras trabajaba en la corporación para iniciar su propio emprendimiento. Es un sabio consejo si se considera a tiempo.

Identifica tu trabajo o actividad para *"el último tercio de tu vida"*, comienza a desarrollarla antes de retirarte.

En mi caso, luego de retirarme de actividades de venta, gerencia y otras funciones comerciales en el mundo corporativo de tecnología, decidí trabajar en un emprendimiento familiar en el área de piscinas.

La creación y distribución de un limpiador de superficies para piscinas, "SkimmerMotion" ha sido algo retador y entretenido. He aprendido mucho de diseño, manufactura y distribución de productos en un área completamente nueva para mí. En estos últimos 7 años, he aprendido, me he divertido y ganado dinero también.

Registro detallado de activos:

Contar con un documento detallado de tus activos y bienes materiales es una práctica esencial para garantizar una planificación financiera sólida y proporcionar claridad en la gestión de tus recursos. Este registro no solo facilita el seguimiento de tus propiedades, inversiones y fuentes de ingresos, sino que también se convierte en un recurso invaluable para tu pareja, familia o amigo de confianza en caso de que algo te suceda.

Es crucial incluir información sobre el acceso a cuentas en línea, contraseñas y otros detalles relevantes para garantizar una transición fluida.

Enfrentar la pérdida de un ser querido es uno de los momentos más difíciles en la vida. En medio de este profundo dolor, es crucial recordar aspectos prácticos que pueden tener un gran impacto en el futuro. Uno de estos aspectos es la importancia de conservar el teléfono de la persona fallecida.

En la era digital actual, muchas de nuestras operaciones bancarias y accesos a cuentas importantes requieren de una verificación adicional, como códigos enviados por mensaje de texto. Sin acceso a estos códigos, gestionar los asuntos financieros y personales puede convertirse en un desafío aún mayor.

Es igualmente importante asegurarse de tener acceso a la clave del teléfono. Entiendo que este tema puede ser delicado para algunas personas, pero es una conversación necesaria para evitar complicaciones futuras. Prepararse para estos momentos, aunque incómodos, es un acto de amor y responsabilidad hacia tu pareja y tu familia.

La confidencialidad y seguridad de esta información deben ser prioritarias, considerando el almacenamiento seguro de contraseñas y datos sensibles. Además, la accesibilidad para tu pareja o algún familiar es clave; compartir la ubicación de estos documentos y asegurarse de que comprendan cómo acceder a la información financiera es fundamental.

Este paso no solo simplifica la gestión financiera diaria, sino que también brinda paz mental y seguridad ante cualquier eventualidad. Documentar los activos existentes se convierte así en una herramienta estratégica, especialmente cuando se aborda el capítulo de "Mi partida".

Experiencia personal

El no contar con esta información fue una lección dura para mi abuela, María Teresa, marcada por una época y circunstancias donde esto no era inusual. Ella compartió conmigo que, durante su matrimonio, mi abuelo disfrutaba de una situación económica cómoda, lo que permitía que amigos y vecinos frecuentemente visitaran su hogar para admirar las últimas novedades tecnológicas de la época, como la radio y el tocadiscos.

Sin embargo, tras el fallecimiento inesperado de mi abuelo, mi abuela se enfrentó repentinamente a la realidad de no saber cómo gestionar sus finanzas ni mantener su nivel de vida. Esta situación obligó a sus dos hijos mayores, aún jóvenes, a empezar a trabajar, marcando el inicio de una vida llena de retos económicos para toda la familia.

Planificación financiera

Antes de sumergirnos en la planificación financiera, es clave mencionar que, aunque no soy un experto en finanzas, compartiré contigo mi perspectiva y lo que ha funcionado en mi planificación de retiro. Aquí encontrarás consejos clave para considerar en la preparación de nuestro retiro, enfocándonos en cómo asegurarnos una vida prolongada y plena.

Lo que presento no son recomendaciones financieras, sino puntos de partida para discutir con un profesional. No olvides consultar el "Descargo de responsabilidad" al final del libro.

La Importancia de Tener un Plan de Retiro

Contar con un plan de retiro es clave para garantizar tu estabilidad financiera y tranquilidad en el futuro, tras años de esfuerzo laboral. Un plan sólido clarifica cuánto ahorrar, cómo invertir esos ahorros y la manera de manejar gastos al dejar de trabajar.

Roger Whitney, en su artículo para Forbes (24) "Retirement Planning Isn't Complicated" (La planificación de la jubilación no es complicada), desmitifica la idea de que planificar el retiro es un laberinto, presentándolo más bien como un desafío complejo, pero abordable.

Whitney distingue entre problemas complicados, que se resuelven con reglas y procesos específicos, y problemas complejos, que requieren una gestión continúa debido a su naturaleza cambiante y la influencia de múltiples factores impredecibles.

La planificación del retiro entra en esta segunda categoría, complicada por aspectos externos como tasas de interés, rendimiento del mercado, inflación, impuestos y políticas gubernamentales, y por factores internos como cambios en situaciones personales y sesgos cognitivos que impactan nuestras decisiones. A esto se suma que nuestros objetivos y deseos evolucionan, incrementando la complejidad del proceso.

Whitney sostiene que, frente a un desafío inherentemente complejo, lo más sensato no es buscar soluciones perfectas, sino enfocarse en establecer un proceso de toma de decisiones robusto, preparándonos para adaptar nuestra planificación ante cambios en las circunstancias. Dada la incertidumbre que rodea a la planificación del retiro, es crucial contar con un margen de maniobra o "buffer" que nos brinde flexibilidad para ajustarnos a los vaivenes de factores externos.

Al reconocer y aceptar las dinámicas cambiantes, podemos encaminarnos hacia una jubilación exitosa, confiando en nuestra capacidad para adaptarnos. Es recomendable revisar nuestro plan de retiro al menos una vez al año, ajustándolo en función de las condiciones externas y de cualquier cambio en nuestros planes.

Pero ¿qué ganas exactamente al tener un plan de retiro?

- Sabrás que tus necesidades financieras estarán cubiertas, permitiéndote vivir sin la ansiedad de enfrentar dificultades económicas.
- Mantener tu independencia financiera es crucial. Un plan de retiro sólido te da la libertad de tomar decisiones sin depender económicamente de otros.
- La vida está llena de imprevistos. Un plan de retiro te da la flexibilidad de ajustarte a cambios inesperados, ya sea en tu salud, en el mercado laboral o en la economía en general.

Una vez que hayas hecho el análisis, es hora de tomar ciertas decisiones.

¿Qué Sucede si queda una cantidad considerable de tus ahorros al final de tu vida?

- Trabajaste durante demasiado tiempo y, por lo tanto, reduces tus años de jubilación.
- Puedes modificar tus planes de entretenimiento o viajes y disfrutar más.
- Puedes pensar en hacer donaciones a alguna institución con la cual tengas afinidad. Hay leyes que favorecen hacer esto desde tu 401K.
- Puedes entregarlo como "herencia en vida".

¿Qué sucede si tus Ahorros no son suficientes?
Descubrir que tus ahorros para el retiro podrían no ser suficientes puede ser preocupante, pero hay estrategias que puedes adoptar para mejorar tu situación, dependiendo de cuánto tiempo te falte para jubilarte.

Si aún te quedan 10 o 20 años antes de la jubilación:
Aunque no hayas sido muy constante con tus ahorros hasta ahora, nunca es demasiado tarde para empezar a prepararte para el retiro.

- Aumenta tu tasa de ahorro: Aprovecha cualquier aumento de sueldo o bono para incrementar tus contribuciones de retiro.
- Invierte inteligentemente: Revisa tu cartera de inversiones. Asegúrate de que esté diversificada y alineada con tus objetivos a largo plazo y tu tolerancia al riesgo.
- Reduce gastos: Evalúa tu estilo de vida actual y encuentra áreas donde puedas reducir gastos sin sacrificar tu calidad de vida.

Si ya estas muy cercano a los 60 Años, el rumbo y opciones son algo diferentes:

- Trabaja algunos años más: Considera la posibilidad de retrasar tu retiro. Esto no solo aumenta tus ahorros, sino que también puede incrementar tus beneficios del Seguro Social.
- Reevalúa tu estilo de vida de retiro: Ajusta tus expectativas sobre cómo vivirás durante estos años. Esto puede incluir vivir en una casa más pequeña o en una ubicación con un costo de vida más bajo.
- Busca fuentes de ingreso alternativas: Considera trabajos de medio tiempo o hobbies que puedan generar ingresos adicionales.

No todos tienen la posibilidad de ahorrar lo suficiente para su retiro. Hay quienes, debido a salarios bajos o responsabilidades familiares, encuentran dificultades para contribuir a sus fondos de jubilación. Interrupciones laborales, enfermedades, o cambios frecuentes de residencia y empleo pueden complicar aún más la capacidad de ahorrar de manera consistente.

Además, existen circunstancias imprevistas y extremas que pueden afectarnos profundamente, temas que abordo en el capítulo "Cuando Todo Sale Mal".
Sin embargo, independientemente de estas situaciones, es crucial contar con un plan de retiro. Este ejercicio nos ayuda a comprender nuestra posición actual y a identificar lo que necesitamos para avanzar.

Personalmente, la idea de tener un plan de retiro sólido ha sido una obsesión durante años. Ahora, con más de siete años de jubilación a mis espaldas, sigo revisando y ajustando mi plan periódicamente. Esto no solo me ha permitido mantenerme en el camino hacia una jubilación segura, sino también adaptarme a los cambios y desafíos que la vida presenta.

Mientras antes en la vida comencemos este análisis, más probabilidades tenemos de modificar su curso.

Considero como ideal que entre los 35 y 45 años comencemos a trabajar en nuestro plan de finanzas para la vida. Aunque si eres mayor, nunca es tarde para empezar.

Contar con un ahorro para la jubilación complementará los ingresos de la seguridad social durante la jubilación. En Estados Unidos por ejemplo (2023), el promedio de ingresos por seguro social fue de $1,827 al mes para una persona.
Sin embargo, de acuerdo con el "Bureau of Labor Statistics", las personas mayores a 65 años en Estados Unidos gastan aproximadamente $57,818 al año o $4,818 por mes. Una pareja de retirados tendría un ingreso promedio de $3,654 ($1,827 x2), con lo cual aún quedaría un déficit de $1,164 mensuales.

Casi el 40% de los retirados en USA no tienen ahorros suficientes y dependen del seguro social para cubrir sus gastos.
De hecho, según un estudio de "Transamerica Center for Retirement Studies" (22), el 57% de los trabajadores en Estados Unidos planean seguir trabajando durante la jubilación; el 36% planean trabajar a tiempo parcial y el 21% a tiempo completo.

Un Plan de retiro tiene como objetivo que después de años trabajando, llegue el momento de dejar el empleo y empezar una nueva etapa con el máximo respaldo económico.

En este libro, te estoy contando sobre mi travesía en el mundo de la planificación financiera y cómo elaboré mi propio plan de retiro. La importancia de contar con una estrategia financiera robusta no puede subestimarse, ya que es fundamental para asegurar nuestra seguridad y bienestar a largo plazo.

Como habrás notado, incluso aquellos que han tenido la oportunidad de ahorrar suficiente para ser autosuficientes en su jubilación, pueden encontrarse trabajando para obtener ingresos adicionales. Algunos lo hacen por la necesidad económica, mientras que otros buscan mantenerse activos o emprender nuevos negocios. Este espectro de situaciones resalta la diversidad de necesidades y deseos que las personas enfrentan al planificar su retiro.

¿Qué necesitamos para construir nuestro plan de Retiro?
Para construir un plan de retiro sólido y realista, necesitas recopilar información esencial que te permita entender tu situación financiera actual y proyectar tus necesidades futuras.

Al planificar tu retiro, es crucial hacerse preguntas clave para diseñar una estrategia financiera que se ajuste a tus necesidades y objetivos. Aquí algunas de las preguntas esenciales que debes considerar:

- **¿A qué edad te quieres retirar?** Definir una edad objetivo te ayuda a calcular el tiempo que tienes para ahorrar e invertir.
- **¿Cuáles son tus fuentes de ingreso?** Identifica todas las posibles fuentes de ingreso antes y durante el retiro, incluyendo ahorros, inversiones, pensiones, o ingresos pasivos.
- **¿Cuánto tienes ahorrado?** Conocer tu saldo actual es fundamental para entender cuánto más necesitas ahorrar.
- **¿Qué tasa de rendimiento obtienes por tus ahorros?** Esto te permitirá proyectar el crecimiento de tus inversiones a lo largo del tiempo.

- **¿Cuáles son tus gastos actuales y futuros?** Evalúa tus gastos actuales y anticipa los cambios que podrían ocurrir en el futuro, incluyendo gastos de salud y vivienda.
- **¿Hay gastos importantes en el camino?** Considera eventos significativos como la compra de una casa, cirugías, educación de los hijos, o grandes viajes.
- **¿Tendrás un seguro social o pensión al retirarte y de cuánto sería?** Estima los beneficios esperados de fuentes como el Seguro Social o pensiones privadas.
- **¿Cuánto tiempo viviré?** Debes estimar tu expectativa de vida para saber hasta qué edad deben alcanzar tus finanzas, tomando en cuenta la longevidad familiar y tu salud.
- **¿Cuál ha sido la inflación en tu país y qué tasa de inflación vas a considerar a futuro?** La inflación puede erosionar el poder adquisitivo de tus ahorros, así que es importante incluirla en tus cálculos.
- **¿Entiendes todas las regulaciones e impuestos asociados al retiro de tus ahorros?** Conocer las implicaciones fiscales te ayudará a planificar retiros eficientes.
- **¿Qué otras actividades esperas hacer en el retiro?** Piensa en cómo quieres pasar tu tiempo, ya sea viajando, dedicándote a hobbies o incluso trabajando en algo que te apasione.

Responder a estas preguntas te dará una base sólida para empezar a planificar tu retiro de manera informada y realista, asegurando que tus años de retiro sean tan activos y satisfactorios como desees.

Con esta información podrás construir tu propio plan o usarla para hacer uno con la ayuda de un asesor financiero.

Aunque las condiciones varían por país, estos principios básicos de planificación financiera son universales.

Tus Ingresos

¿Cómo podemos lograr los ingresos necesarios para la vejez, si no tenemos idea de cuanto necesitamos, y nunca hemos planificado?

Nuestros ingresos vienen de distintas vías: desde el salario de un empleo, manejar nuestro negocio, trabajos freelance, herencias, y más. Además, podemos contar con ingresos pasivos, como los que recibimos del alquiler de inmuebles. Es importante, además, calcular cómo esperamos que crezcan nuestros ingresos año tras año.

¿Tus ingresos y ahorros se ajustan con la inflación o crecen a un ritmo menor?
Al acercarnos a la jubilación, es vital asegurar ingresos suficientes para mantener nuestro estilo de vida. Esto puede implicar seguir trabajando, contar con beneficios del seguro social y, frecuentemente, complementar con ahorros.
Destinar un pequeño porcentaje de nuestros ingresos actuales a un fondo de ahorro para el futuro es clave. Además, es crucial conocer las ventajas que ofrecen gobiernos y entidades financieras para estos ahorros.

Mi recomendación es que comiences a ahorrar lo antes posible. El efecto del interés compuesto en tus aportaciones puede generar un impacto significativo a lo largo del tiempo.
Para aprovecharlo al máximo, sugiero establecer un plan de ahorro automático, asegurando que un porcentaje de tu ingreso se deposite directamente en tu cuenta de ahorros cada mes.

Iniciar con un ahorro del 5% al 10% de tus ingresos es un buen punto de partida. Aunque pueda parecer poco al principio, el interés compuesto actuará a tu favor, generando un ahorro considerable con el tiempo.

Tus Gastos

Entender tus gastos al detalle es crucial, y recalco, al detalle. A menudo pensamos que tenemos una idea clara de cuánto gastamos mensualmente, pero la realidad puede sorprendernos una vez que lo vemos todo claramente en números.

Aplicaciones como MINT o herramientas gratuitas de bancos pueden ser aliados clave, organizando automáticamente gastos de cuentas y tarjetas por categorías.

Para mí, la precisión en el seguimiento de gastos ha sido fundamental para entender exactamente cuánto estoy gastando y poder realizar una proyección anual confiable. Es vital no olvidar incluir tanto los gastos recurrentes (como luz, agua y comida) como aquellos esporádicos que surgen a lo largo del año (seguros, impuestos a la propiedad, etc.).

Te compartiré el nivel de detalle con el que gestiono mi propia hoja de Gastos Personales mensuales, donde anoto absolutamente todo: desde retiros en cajero automático, gastos del vehículo, donaciones, ropa, zapatos, suscripciones o servicios en línea, electrónica, entretenimiento, educación, renta o préstamo de vivienda, impuestos, gasolina, compras varias, regalos, alimentos, seguros, cuidado de la salud, hobbies, mejoras y mantenimiento del hogar, cuidado personal, cuidado de mascotas, restaurantes, servicios bancarios, viajes, agua, electricidad, teléfono y cualquier otro gasto.

Con esta detallada información, podemos proyectar nuestros gastos futuros de manera efectiva. A estos los denominamos "gastos de vida", que diferenciamos de otras "responsabilidades" o gastos, tales como celebraciones, viajes, la compra de vehículos o propiedades de inversión.

Es importante enfocarse en los gastos no planificados y considerar la inflación al diseñar un plan de retiro, ya que eventos inesperados pueden cambiar significativamente nuestros gastos a lo largo del tiempo.
El reemplazo de electrodomésticos o reparaciones importantes como los reemplazos de techos, aunque estos gastos no ocurren de manera regular, es posible gestionarlos creando un fondo mensual específicamente destinado a cubrirlos.

Personalmente, utilizo una tabla para calcular el ahorro necesario para reemplazos y reparaciones de electrodomésticos, lo que me ayuda a estimar cuánto necesito ahorrar de manera mensual para estar preparado. Podrías también crear otra tabla para el reemplazo de tu techo, reparaciones mayores de casa, etc. Yo manejo un fondo separado para este fin.

Por ejemplo, destinando $51 al mes a este fondo, podrías prepararte para afrontar estos costos no planificados.

Electrodoméstico	Expectativa de remplazo (años)	Costo de Reemplazo	Costo llevado a 10 años
Acondicionador de aire	20	$4,000-$5,000	$ 2,500
Lavavajillas	10	$240-$700	$ 500
Secadora	14	$240-$650	$ 357
Cocina eléctrica	17	$300-$1,350	$ 765
Microondas	11	$300-$680	$ 400
Refrigerador	14-17	$350-$2,000	$ 1,200
Lavadora	13	$260-$700	$ 385
		Total, gasto cada 10 Años	$ 6,106
		Average mensual	$ 50.9

También es importante considerar "eventos de la vida" que pueden aumentar o reducir nuestros gastos, ajustándolos según la edad y situación familiar.

Por ejemplo: Si hoy tenemos hijos viviendo con nosotros, eso impacta en los costos de comida, seguros, educación, auto, celular, etc.
Al llegar a una edad avanzada, quizás requerimos tener solo un vehículo, si cambiamos a una casa más pequeña, esto podría afectar los costos de servicios.

Si decides retirarte temprano de un trabajo que ofrece cobertura de seguro médico, enfrentarás el desafío de cubrir tus propios gastos de salud y seguros, lo cual puede representar una carga financiera significativa.

Estos costos tendrán un impacto importante en tu presupuesto hasta que seas elegible para programas de salud destinados a personas mayores, como Medicare en Estados Unidos.

Planifica con anticipación estos gastos para asegurar una transición financiera suave hacia tu retiro.

En fin, la proyección de gastos nos debe poder determinar con más claridad qué nivel de ingresos requerimos en un futuro y así planificar nuestros ahorros para el retiro de una mejor manera.

Inflación Acumulada
La inflación tiene un gran impacto acumulativo a los largo del tiempo.
Si deseas proyectar algún gasto en un número de años futuro, puedes usar la fórmula mostrada en el próximo ejemplo:

Si tenemos un monto de gasto actual por ejemplo $10,0000 y necesitamos proyectar, cuánto será en 20 años, con 3.5% de inflación.
Lo podemos usar esta fórmula:

Gasto Futuro = Gasto Actual x (1+Tasa de inflación) ^Número de años.

Gasto Futuro = $10,000 x (1+3.5%) ^20
Gastos Futuros = $19,897.89

La Regla del 80%
Algunos optan por seguir la llamada "regla del 80%", una pauta de planificación financiera que sugiere que, para mantener tu estilo de vida al jubilarte, necesitarás cerca del 80% de tu ingreso antes de jubilarte. No es una norma inamovible, sino una orientación que los expertos en finanzas usan para calcular cuánto deberías ahorrar para el retiro.

La idea es que, al jubilarte, ciertos gastos laborales se reducen y quizás ya no tengas que pagar hipoteca o mantener a los hijos. Pero, también hay que pensar en los gastos que podrían aumentar, como viajes, hobbies o costos de salud.

Para usarla, calcula el 80% de tu ingreso anual actual. Si ganas $100,000 al año, necesitarías $80,000 anuales en tu retiro para vivir como ahora.

Siempre hay que tomar estas consideraciones Importantes:

- Inflación: Asegúrate de considerar cómo la inflación afectará tus ahorros y gastos futuros.

- Fuentes de Ingreso: Piensa en otras fuentes de ingreso para la jubilación, además de tus ahorros.
- Gastos de Salud: Estos pueden ser significativamente mayores en la jubilación.
- Longevidad: Con la esperanza de vida aumentando, tus ahorros deben extenderse más.

La regla del 80% es un buen punto de partida, pero es mejor ajustar la planificación a tus circunstancias y deseos personales.

Personalmente, prefiero usar una hoja de cálculo con mis propias estimaciones. No hay garantía de que la regla del 80% funcione para todos, especialmente si planeas aumentar gastos en entretenimiento y viajes en la jubilación, lo que podría elevar tus necesidades financieras.

Es importante asegurarse de identificar el dinero ahorrado necesario para cubrir las necesidades básicas post-jubilación. Con un entendimiento detallado de nuestros gastos actuales, podremos lograr proyectar los gastos a lo largo del tiempo, hasta llegar a los 85-90 años o más.

Flujo de Caja a lo Largo de los Años
El gran objetivo de cualquier plan de retiro es tener claro el flujo de caja futuro para asegurarnos de que estaremos bien cubiertos.

El plan que acompaña a este libro incluye una hoja de cálculo de Excel diseñada para darte una visión clara de tu flujo de caja. La explicación de cómo usarla, así de como obtenerla, es gratis, la deje para el final de este libro como un apéndice.

Al tener tu Plan de Retiro podrás no solo visualizar el flujo de caja sino también jugar con diferentes escenarios, ajustando ciertos parámetros para responder a una pregunta crucial que muchos nos hacemos:

¿Cuánto necesito ahorrar o qué ingresos adicionales necesitaré para mantener el mejor nivel de vida posible?

Personalmente, alcanzar un nivel de ahorro que me diera seguridad para abandonar el ámbito corporativo me tomó años. Aquí surge un dilema: extender nuestra vida laboral innecesariamente podría disminuir el tiempo disponible para disfrutar de la jubilación y empezar nuevas experiencias.

Antes de explorar los posibles escenarios de retiro, es vital conocer las herramientas de ahorro a nuestra disposición y entender cómo las regulaciones afectan nuestro plan. Cada situación es única, por lo que sumergirse en los detalles y buscar asesoramiento experto es siempre recomendable. Mi objetivo es que conozcas los aspectos más importantes, para que sepas qué indagar y qué preguntar.

Seguro Social

El seguro social, puede ser un ingreso relevante en nuestro retiro. Las reglas del Seguro Social son complejas y varían según cada situación y el país donde vivas. Para asesoramiento específico, contacta a un asesor financiero.

Es muy importante estimar cuánto dinero recibirás del seguro social, este monto usualmente varía dependiendo de cuanto has contribuido y a qué edad comienzas a tomarlo.
La edad a la cual tomar el seguro social es una decisión importante que luego no puede ser cambiada.

Tu decisión final dependerá de tu criterio de cuán pronto necesites acceder a esos fondos o cuánto esperas vivir.

Si te encuentras en una situación donde el dinero es necesario de inmediato, podrías considerar comenzar a recibirlo antes.

Beneficio por supervivencia del Seguro Social.
Este tema lo recordaré en el capítulo "Afrontando la soledad y los cambios en la pareja".

El Seguro Social en muchos países ofrece beneficios a los familiares de un trabajador fallecido, ayudando a compensar la pérdida de ingresos. Los beneficiarios pueden incluir viudas/os, hijos, y padres dependientes, con requisitos específicos para cada grupo.

El monto de los beneficios varía, pudiendo llegar hasta el 100% del beneficio del trabajador fallecido para viudas/os a su plena edad de jubilación.

Impuestos
Los impuestos durante el retiro pueden tener un impacto significativo en tus finanzas y, por ende, en tu calidad de vida. Aquí te comparto una reflexión sobre los factores clave a tener en cuenta respecto a los impuestos durante el retiro y cómo pueden impactar a largo plazo.

- *Las Fuentes de Ingresos en el Retiro:* Primero, es fundamental comprender las diversas fuentes de ingresos durante el retiro y cómo cada una es tratada desde el punto de vista fiscal. Esto incluye pensiones, cuentas de activos con impuestos diferidos, inversiones, y posibles ingresos por alquileres o negocios propios. Cada fuente tiene sus propias implicaciones fiscales, y entenderlas te permitirá planificar de manera más efectiva.

- *Planificación Fiscal Estratégica:* La optimización de la carga fiscal requiere una planificación estratégica. Esto puede incluir decidir cuándo comenzar a recibir beneficios de la Seguridad Social, determinar el momento óptimo para retirar fondos de cuentas de activos con impuestos diferidos y considerar la conversión de cuentas de activos con impuestos diferidos a cuentas exentas de impuesto a las ganancias para beneficiarse de retiros libres de impuestos en el futuro.

- *Implicaciones a Largo Plazo de las Decisiones Fiscales:* Las decisiones fiscales que tomes hoy pueden tener un impacto duradero en tus finanzas. Por ejemplo, retirar grandes sumas de cuentas de activos con impuestos diferidos en un solo año puede catapultarte a un tramo impositivo más alto, aumentando tu carga fiscal. La planificación cuidadosa y la distribución de los retiros a lo largo del tiempo pueden ayudar a minimizar este riesgo.

- *Conocimiento de las Leyes Tributarias:* Las leyes tributarias están en constante cambio, y lo que es favorable hoy puede no serlo mañana. Mantenerte informado sobre las leyes tributarias actuales y cómo pueden afectar tu planificación para el retiro es crucial. Esto incluye comprender las deducciones y créditos fiscales disponibles para los jubilados.

- *Consultar con un Profesional:* Finalmente, aunque empoderarse con conocimiento es clave, la complejidad de la planificación fiscal a menudo justifica la consulta con un profesional en impuestos o un planificador financiero. Pueden ofrecer orientación personalizada basada en tu situación única, asegurando que tu estrategia fiscal esté alineada con tus objetivos a largo plazo para el retiro.

Al considerar cuidadosamente cómo los impuestos pueden afectar tus ingresos de retiro y tomar medidas para minimizar su impacto, puedes asegurarte de estar bien preparado para disfrutar de tus años dorados con tranquilidad y seguridad financiera.

Escenarios en el Flujo de Caja a lo Largo de los Años

Con una hoja de cálculo, es posible proyectar el crecimiento de tus ingresos y gastos a lo largo del tiempo, basándote en las tasas de crecimiento de ingresos, gastos y ahorros.

Durante tus años de trabajo, supondré que la diferencia entre ingresos y gastos resultará en un excedente, que podrás destinar a entretenimiento, ahorro, o una combinación de ambos.

Cuando te jubilas y dejas de trabajar, tu situación financiera cambia debido a una disminución en los ingresos regulares, lo que potencialmente conduce a un déficit. Este faltante necesitará ser compensado utilizando tus ahorros, los cuales se convertirán en tu principal fuente de ingresos.

Al terminar tu plan de retiro podrás ver "la película completa" de tu vida financiera. Con esto podrás analizar si tus planes de ahorro son suficientes, si tus niveles de gastos pueden ser mantenidos.

Revisa tu Plan de Retiro y asegúrate de entender el impacto de cada elemento en los resultados.

Revisar tus expectativas de retorno de inversión, si lo que tienes alcanzará hasta diferentes años de expectativa de vida tuya o de tu pareja, si es el caso.

La duración de tus inversiones se basa en el retorno esperado a lo largo del tiempo y en cuánto dinero retires de cada cuenta.

Si logras que tu plan muestre que puedes cubrir tus necesidades de retiro, es decir, tus ahorros son lo suficientes para cubrir tus gastos hasta el fin de la vida, entonces tienes un plan que te dará un gran margen de maniobra.

De no ser así, tendrás que hacer varias iteraciones, para lograr llegar al objetivo. Al disminuir los gastos, verificar o aumentar los ingresos esperados y el monto de contribución al Seguro Social, podrás lograr el mejor equilibrio posible en tu caso.

Si luego de revisar todos los escenarios de ingresos, gastos e impuestos NO consigues la manera de cubrir tus gastos, es una clara señal de que debes ahorrar más, posponer la fecha de retiro o continuar trabajando luego de "la edad de retiro".

Es una realidad que muchas personas enfrentan, el no lograr ahorrar lo suficiente para cubrir sus necesidades tras alcanzar la "Edad de retiro", otras quizás desean destinar más ahorros a otros propósitos.

Suposiciones
Al planificar a largo plazo, es clave comenzar con cifras iniciales conservadoras y ajustarlas con el tiempo. Si te encuentras optimizando demasiado algunos parámetros, como el retorno de las inversiones o inflación toma esto como una señal de precaución que requiere de tu plan una revisión frecuente.

Otras reglas generales

Hay una conocida "regla", la regla del 4%:

La regla del 4% es una pauta de retiro segura en la jubilación que sugiere retirar anualmente un máximo del 4% de tu cartera de inversión inicial, para que tu dinero dure durante la jubilación sin agotarse.

En este ejercicio preferí hacer los cálculos directos, la regla del 4% se puede usar como una estimación básica, sobre todo cuando aún no has empezado un análisis más profundo.

Con esta información ahora podrás hacer escenarios que te permitirán determinar cuándo puedes alcanzar el nivel de ahorro necesarios para retirarte, si es realista o no llegar a esa meta.

Elaborar un presupuesto realista y monitorear los gastos ayudará a vivir dentro de las posibilidades y evitar el endeudamiento excesivo.

Te sugiero evaluar los gastos mensuales y buscar áreas donde reducir gastos innecesarios. Tener un buen conocimiento de los gastos es crucial, ya que son muchos los años por venir y la falta de claridad en ingresos o gastos podría tener consecuencias significativas para nuestro nivel de vida.

Mudarse a un país con costo de vida menores.

Una alternativa que he observado en algunas personas es la idea de mudarse a países donde el costo de vida es más bajo que el tuyo. Portugal o España encabezan la lista por su calidad de vida, servicios médicos y bajos costos.

Hay personas que utilizando ingresos como los del seguro social, rentas de propiedades, o sus ahorros, han encontrado en estos destinos una manera de vivir más cómodamente.

Es interesante notar que algunos países ofrecen facilidades para la migración de jubilados, siempre y cuando puedan demostrar una solvencia económica que les permita vivir sin necesidad de trabajar.

Si estás considerando esta opción, es crucial reflexionar sobre varios aspectos:

- ¿A qué edad tomarías esta decisión?
- ¿Tienes la posibilidad de crear nuevas conexiones sociales en ese lugar, o ya cuentas con familiares o amigos cercanos allí?
- ¿Dominas el idioma del país al que te mudarías?
- ¿Cómo planeas cubrir tus necesidades médicas?
- ¿Puedes realizar trabajos que generen ingresos adicionales?

Esta alternativa es, sin duda, viable. Incluso conozco personas que han optado por un enfoque híbrido, viviendo fuera solo unos meses al año.
Sea cual sea tu elección, considerar todos estos elementos es fundamental para tomar una decisión informada y acertada sobre tu futuro en la jubilación.

Si todo esto te suena complicado, con la información recabada de tus ingresos y gastos, es el momento de consultar con un experto en planificación de retiro o algún amigo versado en este asunto.

Consultando con un asesor financiero

Si ya tienes tu plan de Retiro y algunos ahorros, es buena idea hablar con un asesor financiero, de esta forma podrás sacar el máximo provecho a tus ahorros. Muchas entidades financieras dan asesoría gratis si mantienes sus ahorros con ellos.

También puede contratar uno independiente que se pague de las ganancias de tu inversión.

El consultar a un asesor financiero permitirá explorar diferentes opciones de inversión y cómo maximizar tus ahorros por encima de la inflación.

Como no soy experto en la colocación de acciones, bonos, etc. Mi inversión para el retiro, es manejada por un asesor privado, el cual es pagado por las ganancias que mis inversiones generan. Adicionalmente el me prepara los impuestos anuales y es de gran ayuda en diversas consultas que le hago sobre mis finanzas y estrategias de inversión o impositivas.

Recalco de nuevo que esto no es una asesoría específica para ti, ya que cada caso es diferente.

Debemos PROTEGER nuestro ahorro y hacerlo crecer, la estrategia para hacerla crecer, en general, depende de a qué edad empezamos y de cuál es nuestra tolerancia al riesgo.

Aunque no siempre, las acciones pueden lograr un mayor crecimiento en el tiempo, pero también trae consigo un mayor riesgo.

Lo tradicional es hacer una portafolio, es decir una mezcla entre acciones, bonos y efectivo. El cómo se constituye este portafolio es lo que determina el potencial crecimiento / riesgo. En consecuencia, podrías obtener mayores dividendos.

Un criterio más agresivo, puede estar bien en nuestros años como joven adulto, ya que, de ocurrir cualquier imprevisto en el mercado de valores, aún tenemos mucho años por delante para recuperar el portafolio.

Se puede invertir una parte de los ahorros en acciones de empresas diversificadas o en fondos mutuos que cubren diferentes sectores de la economía, lo que ayudará a minimizar riesgos y obtener un rendimiento razonable. Es importante destacar que el concepto de INVERSIÓN A LARGO PLAZO debe ser tratado con especial cuidado, en función de nuestra edad.

¿Qué es largo o mediano plazo para ti y que es para el asesor?

En la medida que nos acercamos a la edad de retiro, usualmente deberíamos cambiar la mezcla de portafolio a uno más conservador.

Como adulto mayor, la prioridad debe ser más la "preservación del capital" y la generación de ingresos estables para cubrir los gastos de jubilación.

Algunos asesores consideran que es buena práctica separar los ahorros en varias "cestas", cada una diseñada con objetivos muy claros.
Por ejemplo, puedes tener una "cesta" o portafolio de inversión, muy conservador, para proveer tus fondos para cubrir los gastos en los próximos 3 o 5 años. Este fondo no se vería muy afectado ante un cambio brusco del mercado.
Este esquema nos puede dar más tranquilidad, ya que nuestro

dinero no está tan impactado por las altas y bajas del mercado.

Otra "cesta" con inversión que no necesitaremos a corto o mediano plazo, mayor, por ejemplo, en 10 o 20 años.
Podrías tener un portafolios más agresivos, para seguir logrando el crecimiento de tus ahorros.

Finalmente, una o dos "cestas" moderadas, con un portafolio de inversión moderado, para cubrir tus inversiones de 5 a 10 años.

El objetivo de estas asignaciones "por tiempo" es lograr seguir aumentando las ganancias de tu portafolio, mientras aseguramos el ingreso para los años próximos venideros.
El rendimiento o ganancia sobre nuestro capital debe ser igual o mayor a la inflación, mientras retiramos dinero periódicamente para nuestro retiro.

Aquí algunos ejemplos:

- Cesta de Liquidez: Es importante mantener una parte del capital en efectivo o inversiones líquidas, como cuentas de ahorro o fondos del mercado monetario. Esto proporciona flexibilidad para hacer frente a gastos imprevistos sin tener que vender inversiones a largo plazo.
- Cesta de Preservación de Capital (1-5 años): Esta cesta tiene como objetivo principal la seguridad y la preservación del capital. Aquí se incluyen inversiones muy seguras, como bonos del gobierno o bonos corporativos de alta calidad. Esto proporciona un flujo de ingresos estable y un lugar seguro para el capital.
- Cesta de Ingresos a Corto y Mediano Plazo (5-10 años): En esta cesta, se pueden incluir inversiones diseñadas para generar

ingresos a corto y mediano plazo, como bonos con vencimientos más cortos o dividendos de acciones de empresas estables. Esto asegura una fuente de efectivo para cubrir gastos inmediatos y futuros.

- Cesta de Crecimiento y Riesgo Moderado (10-20 años): Esta cesta puede incluir una combinación de acciones de empresas sólidas y fondos de inversión diversificados. El objetivo es obtener un crecimiento constante con un nivel de riesgo moderado. Esto ayuda a mantener el poder adquisitivo del capital a largo plazo.

Al hablar con un asesor financiero sobre las estrategias de inversión a largo plazo, se pueden considerar las siguientes implicaciones:

- En el momento que nuestros ahorros se convierten en nuestra fuente complementaria de ingresos, hay que buscar un esquema que de la prioridad al GARANTIZAR el monto de ingresos periódico necesitamos para cubrir nuestros gastos.
- Es recomendable adoptar una postura más conservadora en la asignación de activos. Esto implica reducir la exposición a inversiones de alto riesgo y buscar opciones más estables, como bonos y otros instrumentos de renta fija.
- Al buscar generar ingresos para la jubilación, se puede dar prioridad a las inversiones que ofrecen pagos regulares, como bonos de renta fija, dividendos de acciones de empresas consolidadas y fondos de inversión con un enfoque en la generación de ingresos.
- Es importante revisar y adaptar la tolerancia al riesgo a medida que se avanza en la edad. Es posible que se prefiera

una mayor estabilidad y evitar grandes fluctuaciones en el valor de las inversiones.

- Si te encuentras en la etapa de retiro o te acercas a ella, debes considerar cuidadosamente la planificación financiera para cubrir los gastos de retiro, como el cuidado de la salud, los gastos de vida diaria y posibles emergencias.
- Con el enfoque en la preservación del capital, se deben considerar estrategias para proteger el patrimonio acumulado, como el uso de instrumentos financieros y herramientas legales apropiadas, como seguros de vida, testamentos y fideicomisos.

A medida que se avanza en edad, pueden surgir cambios imprevistos en la salud o las circunstancias personales. Por lo tanto, es importante tener en cuenta la flexibilidad en la estrategia de inversión y estar dispuesto a ajustarla según sea necesario.

La atención médica es un componente importante de la planificación financiera para la vejez.

Evalúa un seguro de salud adecuado que cubra las necesidades médicas y considerar la posibilidad de obtener un seguro de cuidado a largo plazo que brinde cobertura en caso de necesitar atención a largo plazo en el futuro. Se pueden investigar diferentes opciones de seguro de salud y comprender las coberturas y costos asociados.

Revisa tu plan de retiro periódicamente, valida los datos que asumiste con la realidad. Verifica que la tendencia de tus gastos sea la esperada.

Un plan de retiro sólido te da tranquilidad y estabilidad.

Cuando Todo Sale Mal

"La familia es el ancla que nos mantiene a flote cuando el mundo se derrumba a nuestro alrededor." – Autor desconocido.

Al redactar este libro y mis recomendaciones sobre el ahorro y disfrute para la vejez, asumo que vivimos en una situación en la que tenemos un trabajo que genera ingresos para mantenernos, un entorno económico con altibajos, pero que nos permite planificar a largo plazo sin situaciones externas "catastróficas" y disruptivas. Como compartí en el capítulo anterior, en economías como la de Estados Unidos, un porcentaje no menor de los retirados, no logran ahorrar lo suficiente para mantenerse después de "jubilados" sin tener que trabajar, aunque sea de forma parcial.

También hay ejemplos reales en que, aunque hayamos trabajado, ahorrado adecuadamente, equilibrado la diversión con el trabajo y construido las bases para nuestros últimos años de vida, hay diversas circunstancias, que pueden crear una situación disruptiva muy grande y cambiar nuestros meticulosos planes de futuro.

Me referiré a cuatro ejemplos ampliamente conocidos:

- *Caso de Bernard Madoff (2008):* (16.1) Bernard Madoff, un expresidente de la Bolsa de Valores de Nasdaq, perpetró el mayor esquema Ponzi de la historia. Estafó a inversionistas, incluidos muchos jubilados, por miles de millones de dólares. Muchos perdieron sus ahorros de toda la vida. En un artículo de NPR NEWSLETTER (17), se ilustran las consecuencias de esta "catástrofe" en la vida de una de las muchas personas afectadas.
  Como comentó uno de sus afectados (Mr. Ambrosino, California),
  "Ese dinero me permitía vivir mi estilo de vida con seguridad financiera."
- *Colapso de Enron (2001):* (18) El caso de Enron es un ejemplo de cómo la mala gestión y la contabilidad fraudulenta afectaron a los empleados, incluidos aquellos que tenían inversiones significativas en acciones de la empresa en sus planes de jubilación. Otro caso ampliamente conocido donde los empleados, confiados en la estabilidad financiera de su empresa, depositaron sus ahorros para el retiro, solo para descubrir que los habían perdido. Según la revista FORBES (19): "Los empleados de Enron, en total, tenían casi el 60% de sus activos de jubilación en acciones de la empresa. A medida que la empresa se hundía hacia la quiebra..."

- *Crisis Financiera de 2008:* (20) Durante la crisis financiera del 2008 en Estados Unidos, muchas personas perdieron una parte sustancial de sus ahorros de jubilación debido al colapso de instituciones financieras, la disminución del valor de las propiedades y la volatilidad en los mercados financieros. Este evento afectó a jubilados en todo el mundo. Similar a casos anteriores, pero ahora en el mercado de bienes raíces, la publicación "Investopedia" describe el efecto de esta crisis (21).
"La Gran Recesión que siguió dejó a muchos sin empleo, sin ahorros y sin hogar."
- El colapso de FTX, una gran plataforma de criptomonedas se debió a mala gestión y uso indebido de fondos de clientes, afectando a su más de un millón de usuarios. Muchos, incluyendo inversores minoristas, enfrentaron pérdidas significativas, especialmente aquellos que habían invertido sus ahorros de jubilación en la plataforma. La crisis de liquidez de FTX, exacerbada por la volatilidad del mercado de criptomonedas, impidió que los usuarios retiraran sus fondos, resaltando los riesgos de invertir en mercados volátiles y no regulados para ahorros críticos como los de jubilación. (23)
- *Crisis Financiera en Venezuela (2023):* Una experiencia muy cercana a mí y diferente a las anteriores es La crisis en Venezuela, esta abarca casi todos los ámbitos de la vida de un país, me referiré solamente a la crisis financiera en Venezuela que ha afectado la vida de muchas personas. Según un informe de la BBC, la crisis ha arruinado los planes de jubilación y la forma de vida de muchas personas. Los más jóvenes o emprendedores decidieron emigrar, buscando oportunidades o medios para ayudar a su familia, estamos hablando de millones de personas. Según cifras del Alto

Comisionado de las Naciones Unidas para los Refugiados (ACNUR) (2) y de la Organización Internacional para las Migraciones (OIM), han salido del país, hasta el momento, más de cinco millones de personas entre emigrantes y refugiados.

A muchas personas de edad avanzada, esta situación le cambió su forma de vida, probablemente de forma irreparable.

Comparto el caso de un familiar muy cercano que vive en Venezuela, con estudios de doctorado en las más prestigiosas universidades en los Estados Unidos.

Como fruto de su trabajo, levantó una familia, compró su vivienda, autos, etc. Con su pensión de vejez, seguro y algunos ahorros, tendría garantizado su futuro. Debido a esta crisis, sus ahorros se esfumaron y, hoy en día, su pensión es de aproximadamente $10 al mes.

Para poder **subsistir**, se requiere en este momento entre 50 y 100 veces esa cantidad.

Ante catástrofes como estas, si las personas están ya en edad de retiro, es muy difícil recuperar los fondos necesarios.

Si la persona afectada aún está en una edad temprana, siempre será conveniente revisar tu plan de finanzas y ajustarlo para minimizar el impacto recibido en tus ahorros.

Me gustaría, sin embargo, compartir algunas observaciones. Los casos citados afectaron mayormente a personas y sus ahorros en una sola entidad (Madoff, FTX) o acciones (Enron).

Durante la crisis de Bienes Raíces, muchas personas perdieron sus hogares, ya que al solicitar créditos no tenían suficiente respaldo financiero o el valor de su vivienda cayó drásticamente. Por otro lado, quienes aprovecharon el incremento de los precios para hacer compras y ventas rápidas, a menudo se vieron atrapadas por la crisis y perdieron su dinero.

Lo que yo he hecho, y no estoy exento de una "catástrofe", es:

- Tener mis ahorros en más de una institución financiera con fondos protegidos por el estado.
- Manejar un portafolio diversificado y de bajo riesgo en el tipo de acciones.
- Balancear la inversión en la bolsa con inversiones en bienes raíces, los cuales deben garantizar una relación costo menos gastos con un beneficio razonable en la renta y en la plusvalía de la propiedad.
- De ser posible y práctico, podrías evaluar el mantener parte de tus ahorros en otras monedas "fuertes".
- Aplico el concepto de "cesta" de inversión en el tiempo.

Es importante evaluar esta opción antes con tu asesor financiero.

Como comenté en el capítulo "*Fortalecer y Mantener los Vínculos Personales con la Familia y Amigos.*"
Podemos decir que CUANDO **CASI** TODO SALE MAL y nos enfrentamos a una catástrofe económica para nuestros ahorros, la formación de una familia sustentada en el amor y la solidaridad puede ayudar a sostener y apoyar en la vejez.

Apoyo en la Religión

"El apoyo religioso ofrece comunidad, respeto y consuelo, inculcando valores éticos y un sentido de pertenencia. Frecuentemente proporciona soporte espiritual y emocional esencial para aceptar nuestra efímera esencia."

Exploraré la religión desde una perspectiva universal, reconociendo su diversidad y naturaleza personal.
Aunque abordaré aspectos comunes en varias religiones, es fundamental entender que la experiencia religiosa varía significativamente entre individuos, moldeada por sus contextos y creencias únicas.
Mi enfoque busca ser inclusivo y respetuoso, reflejando la variedad de prácticas y entendimientos dentro del mundo religioso

Es crucial reconocer que la religión no es un traje a medida; la experiencia religiosa varía enormemente según cómo cada persona vive su fe.

En su mejor expresión, la religión actúa como una brújula que guía diversas áreas de la vida del creyente. Puede ser tanto un lastre como un motor de motivación, dependiendo de cómo se conceptualice y asimile.

Sin duda, desempeña un papel de soporte y apoyo, especialmente en momentos de adversidad o en la etapa de madurez, cuando las canas empiezan a aparecer. En estas circunstancias, la religión puede ofrecer un refugio, ayudando a transitar hacia el final de la vida con la esperanza de que este no sea un fin absoluto, sino el comienzo de algo nuevo.

El apoyo religioso puede desempeñar un papel crucial en la vida, especialmente ayuda a una vejez más placentera de diversas maneras:

- *Comunidad y Conexión Social:* La religión ofrece un entorno comunitario donde las personas pueden formar amistades con otros que comparten su fe, proporcionando un sentido de pertenencia y apoyo emocional.
- *Soporte Espiritual y Esperanza*: La práctica religiosa brinda un marco de creencias y valores que ofrecen consuelo, especialmente al enfrentar la muerte y otros desafíos de la vida, como la enfermedad o la soledad.
- *Estructura y Significado en la Vida Diaria*: Los rituales y prácticas religiosas pueden aportar estructura, significado y paz interior, ayudando a las personas a encontrar serenidad y propósito.
- *Guía Ética y Moral:* La religión promueve principios que guían las decisiones cotidianas, incluyendo aquellas relacionadas con la *atención médica y el cuidado personal, proporcionando una base* para decisiones éticas.

- *Dignidad y Valor de la Vida Humana*: La religión enfatiza la dignidad y el valor intrínseco de cada vida humana. A través de sus enseñanzas y prácticas, guía a los creyentes en la apreciación y el respeto por la vida en todas sus etapas y circunstancias, reforzando la importancia de cuidar y valorar a cada individuo.
- *Respeto por los Derechos Humanos y el Medio Ambiente*: La fe religiosa enseña el respeto por los derechos de los demás y la protección del entorno, reconociendo la interconexión de todos los seres y la responsabilidad hacia nuestro planeta.
- *Voluntariado y Ayuda Comunitaria*: Las comunidades religiosas a menudo organizan y fomentan actividades de voluntariado, como la donación de alimentos y otros recursos esenciales, brindando una oportunidad para que los fieles se involucren activamente en ayudar a los demás. Participar en estas iniciativas no solo beneficia a quienes reciben la ayuda, sino que también proporciona recompensas espirituales y emocionales a quienes ofrecen su tiempo y recursos, reafirmando el sentido de comunidad y solidaridad.

Cada religión y comunidad religiosa tiene prácticas y creencias específicas que pueden brindar apoyo adicional a las personas mayores. Buscar y participar en una comunidad religiosa puede ser una fuente de fortaleza y bienestar en la vejez.

Tecnología para una Vejez más Autónoma y Feliz

"Usar los recursos disponibles te hace más activo, independiente y satisfecho."

La tecnología juega un papel fundamental en mejorar la felicidad de las personas mayores.

Los avances en dispositivos de asistencia auditiva y visual, movilidad, así como aplicaciones de salud, asistentes virtuales y bienestar, están permitiendo cada vez más a los adultos mayores mantener su independencia y calidad de vida.

Estas tecnologías no solo ayudan a superar las limitaciones físicas asociadas con el envejecimiento, sino que también fomentan la conexión social, el acceso a información, servicios, y la participación en la sociedad.

Al proporcionar soluciones innovadoras y personalizadas, la tecnología capacita a las personas para seguir participando en actividades, mantenerse conectados con sus seres queridos y disfrutar de una vejez más activa y satisfactoria.

Los teléfonos inteligentes ofrecen una amplia gama de aplicaciones que pueden ayudar a las personas mayores a mantenerse conectadas con sus seres queridos, acceder a información relevante, monitorear su salud, recordar citas y medicamentos, tener visitas médicas y familiares virtuales además de mantenerse entretenidos.

Hay unos pequeños dispositivos de detección de caídas, esenciales para la seguridad y bienestar de los adultos mayores, ofreciendo una respuesta rápida en emergencias y previniendo lesiones graves. Proporcionan tranquilidad a familiares y cuidadores, al tiempo que promueven la independencia de los mayores. Son fáciles de usar y cómodos, incluyen tecnologías como GPS y comunicación bidireccional, asegurando una localización precisa y una comunicación efectiva en caso de caídas.

También puedes incorporar los "asistentes virtuales" o "asistentes de voz", dispositivos como "Amazon Alexa" o "Google Assistant". Estos utilizan inteligencia artificial y reconocimiento de voz para responder preguntas, establecer recordatorios, proporcionar noticias, escuchar música, realizar tareas y controlar otros dispositivos del hogar a través de comandos de voz.

El uso de las redes sociales y la tecnología puede proporcionar beneficios significativos a las personas mayores en diferentes aspectos de sus vidas. Pueden ser de gran compañía y entretenimiento.

Los avances en inteligencia artificial, como CHAT GPT, Google Gemini, entre otros, vaticinan un acelerado desarrollo en este campo que va a beneficiar a la gente mayor en muchas áreas de su vida.

En pocos años, no décadas, empezamos a disponer de servicios de cuidados y compañía para adultos mayores realizados por robots.

Los dispositivos de seguimiento y monitoreo de la salud, como los relojes o anillos inteligentes, administradores de medicamentos y los dispositivos de medición de la presión arterial, niveles de glucosa y frecuencia cardíaca, pueden ayudar a las personas a mantener un registro de su salud y estar alerta ante posibles problemas médicos.

Las cámaras de seguridad, detectores de humo inteligentes y sistemas de alarma ofrecen tranquilidad y seguridad en el hogar para personas mayores y sus familiares. Estas cámaras, accesibles y fáciles de instalar, permiten mantener contacto constante con familiares, aunque es crucial considerar la privacidad al elegir dónde instalarlas.

Los equipos de movilidad, como andadores eléctricos y sillas de ruedas motorizadas, mejoran la independencia y movilidad de personas con problemas de movilidad. En un futuro cercano, los taxis y automóviles sin conductor podrían facilitar aún más el transporte de personas mayores, beneficiando su vida diaria y capacidad para seguir trabajando.

Los audífonos y otros dispositivos de ayuda auditiva pueden mejorar la audición de las personas con pérdida auditiva, lo que les permite participar más activamente en conversaciones y actividades sociales.

Las redes sociales y aplicaciones de mensajería como WhatsApp son claves para mantenerse conectados con familiares y amigos, especialmente cuando la distancia impide encuentros físicos frecuentes. Permiten compartir fotos, mensajes y actualizaciones, manteniendo una participación en la vida social. Es beneficioso empezar a usar estas herramientas temprano para establecer un grupo de apoyo y desarrollar habilidades en su uso.

Igualmente importante, es conocer algunas reglas básicas de convivencia y "etiqueta" en el uso de redes sociales:

- Evite compartir información falsa o engañosa, no sobrecargue a sus seguidores con publicaciones constantes.
- Encuentre un equilibrio en la frecuencia y el momento de sus publicaciones para mantener el interés de su audiencia.
- El no respetar las normas de etiqueta trae como consecuencia que, aunque participemos en las redes sociales nuestros mensajes *serán ignorados.*
- Evite inundar de información a tus seguidores con publicaciones religiosas no solicitadas, ya que esto puede resultar invasivo o alienar a quienes no comparten sus creencias.
- Sea selectivo enviando historias inspiradoras, reflexiones personales o mensajes de amor y esperanza que promueven valores universales.

La soledad puede ser un desafío común para las personas mayores, especialmente para aquellos que pueden tener dificultades para salir de casa o que viven solos.

Las redes sociales brindan una forma de interactuar con otros y mantener conexiones sociales significativas, lo que puede ayudar a reducir la sensación de aislamiento y mejorar el bienestar emocional.

Las redes sociales permiten a las personas mayores acceder a información actualizada y recursos relevantes para sus necesidades e intereses. Pueden seguir páginas y perfiles de organizaciones, instituciones y personas que comparten información útil sobre temas como salud, bienestar, hobbies, noticias y mucho más. Esto les brinda la oportunidad de mantenerse informados y aprovechar recursos que pueden mejorar su calidad de vida.

También brindan la posibilidad de unirse a comunidades en línea con intereses compartidos. Pueden unirse a grupos y páginas relacionados con sus pasatiempos, actividades de voluntariado, grupos de apoyo, discusiones filosóficas, entre otros. Esto les permite conectarse con personas que tienen intereses similares y participar en conversaciones y actividades en línea.

Además, las plataformas en línea y las redes sociales ofrecen una amplia gama de recursos educativos, tutoriales y cursos en línea. Las personas mayores pueden aprovechar estas oportunidades para aprender sobre temas que les interesan y desarrollar nuevas habilidades.

Cuando nuestra movilidad se vea limitada, podemos explorar el uso de lentes estereoscópicos digitales, los cuales nos permiten hacer viajes virtuales a muchos lugares, sin necesidad de movernos.

Es importante que las personas se sientan cómodas y seguras al utilizar la tecnología. Pueden buscar apoyo y capacitación en centros comunitarios, organizaciones de ayuda y familiares que puedan guiarlos en el uso de las redes sociales y la tecnología de manera segura y beneficiosa.

En resumen, el uso de las redes sociales puede brindar beneficios significativos a las personas mayores al facilitar las conexiones sociales, reducir la soledad, acceder a información y recursos, participar en comunidades en línea y estimular la mente. Como con cualquier tecnología, es importante que las personas mayores se sientan cómodas y seguras al utilizar las redes sociales, y que reciban apoyo y orientación adecuados para aprovechar al máximo estas herramientas.

Ejemplo personal: Mi madre usaba una amplia variedad de videos de YouTube para realizar "tejidos de crochet", y escuchar sus cantantes favoritos. Esto le dio horas de distracción y conocimiento.
A través de una cámara yo podía verla y saber que estaba bien.
En más de una ocasión, el poder verla me permitió ayudarla.
Ella se sentía segura de saber que mi hermano y yo cuidábamos de ella de esta forma.
Con 90 años, hizo uso diario de WhatsApp para mantenerse comunicada con amigas en varios países y con su familia.
Aprendió a compartir fotos, enviar audios y hacer videos. Pasaba horas de disfrute gracias a esta herramienta.
Tenía *Amazon Alexa* en su mesa de noche y regularmente escuchaba la música que quería, le pedía información y hasta rezaba junto a el asistente virtual.

RECOMENDACIONES:

- Familiarizarse con las configuraciones de privacidad.
- Evitar compartir información personal sensible.
- Estar alerta ante posibles estafas o fraudes en línea.

Desarrollos futuros:

Hay algunas tecnologías que están aún en desarrollo y es probable que estas tecnologías se usen comúnmente en los próximos 10 a 20 años.

Los exoesqueletos (12, 13) son robots externos al cuerpo que ayudan a las personas con movilidad reducida a caminar, levantar objetos y realizar tareas cotidianas. A medida que la tecnología avanza, se prevé que sean más asequibles y económicos.

Los robots para asistencia a gente Mayor podrán ayudar con tareas cotidianas, brindar compañía y apoyar la salud. Tienen el potencial de mejorar la calidad de vida de las personas mayores Al igual que los exoesqueletos, aún enfrentan desafíos de aceptación, seguridad y costo.

Preparándonos para Vivir Nuestros Últimos Años

"Nuestra última vivienda impacta nuestra independencia, bienestar y calidad de vida; decide con anticipación"

Entre otros temas, he hablado de la preparación financiera, la importancia del entorno social y el apoyo de la tecnología para mantenerse activo y socializar. Ahora, profundizaré más en un tema igualmente importante: La elección de vivienda para la vejez.

Es importante tener en cuenta que la elección de vivienda para la vejez puede ser un proceso gradual y puede implicar cambios a lo largo del tiempo a medida que las necesidades y circunstancias cambien.

Es natural que la casa donde vivíamos se vuelva grande, especialmente si tuvimos hijos, ellos ya han crecido y abandonado el hogar.

En general, muchas personas comienzan a pensar en opciones de vivienda para la vejez alrededor de los 60 años o incluso antes. A esta edad, es posible evaluar las necesidades y preferencias a largo plazo, así como considerar factores como la ubicación, el acceso a servicios de atención médica, la accesibilidad de la vivienda y las actividades recreativas disponibles en la comunidad. Considero que antes de los 65 años, uno debe considerar si es el momento de mudarse a otra casa. Y antes de los 75 años, tener identificado dónde pasar esos últimos años de vida de la mejor manera.

Tomar decisiones sobre el lugar donde vivir y asegurarse de que disponga de lugares y negocios cercanos que sean fácilmente accesibles. Especialmente lugares de entretenimiento, comida, farmacias, etc., y con medios de transporte adecuados para personas de avanzada edad.

Una casa más pequeña puede ser más fácil de mantener y limpiar. La casa debe ser accesible para personas mayores, teniendo en cuenta las necesidades físicas. Es importante considerar o evitar la presencia de escaleras, si hay buena iluminación de pasillos estrechos, baños adaptados, alfombras, evitar el uso de pequeñas escaleras o bancos para alcanzar objetos altos y otros elementos que puedan dificultar la movilidad. Además, asegurarse que cuente con medidas de seguridad adecuadas, como pasamanos en escaleras, barras de apoyo en baños y una buena iluminación.

El CDC, o "Centers for Disease Control and Prevention" (Centros para el Control y la Prevención de Enfermedades), realizó un estudio en USA (6) donde alrededor de 36 millones de caídas son reportadas cada año en adultos mayores, de los cuales 3 millones son tratados en emergencias. Con fracturas de caderas, la cabeza y otros huesos.

La mayoría de estas caídas son de lado.
Me llamo la atención en ese informe que indican que, en un número no menor de casos, las personas caen, para evitar golpear a su mascotas, especialmente los gatos, que muchas veces les gusta estar entre las piernas de la gente.

El CDC recomienda hablar con tu médico para revisar las medicinas que tomamos y asegurarnos que no afecten nuestra estabilidad. Hacer ejercicios para mejorar la fortaleza y el equilibrio, revisarse periódicamente la vista y asegurar que tenemos los lentes adecuados son buenas medidas preventivas. Finalmente asegurar que nuestra casa es segura.

Priorizar un lugar cercano a familiares o amigos también facilitará la transición.

Es importante estar preparados para mitigar algunas barreras emocionales al mudarse de casa:

- La mudanza puede generar una mezcla de emociones, como la emoción por un nuevo comienzo, pero también puede causar ansiedad, estrés o tristeza por dejar un lugar familiar y los recuerdos asociados con él. Puede llevar tiempo ajustarse emocionalmente a un nuevo entorno.
- La mudanza implica un cambio en la rutina diaria, lo que puede afectar la sensación de estabilidad y familiaridad. La

persona mayor tendrá que adaptarse a un nuevo entorno, establecer nuevas rutinas y familiarizarse con los servicios y recursos disponibles en el nuevo lugar.

- Mudarse también puede implicar dejar atrás una red social establecida. La falta de amigos cercanos, vecinos y actividades sociales que solían tener en su ubicación anterior puede ser un desafío. Es importante buscar oportunidades para establecer nuevas conexiones sociales en el nuevo entorno.
- Si se considera vivir en otra ciudad o incluso en otro país, el reconstruir una red de amigos que hemos mantenido por años es un tema crítico para analizar. Es por eso por lo que estas decisiones se deben tomar con suficiente tiempo para determinar el impacto en uno mismo.
- Evaluar el nivel de mantenimiento que requiere la casa y los costos asociados también es relevante. Una casa de menor tamaño y con jardines más pequeños puede ser más fácil de mantener. Además, es importante considerar los gastos asociados, como impuestos, servicios públicos y posibles cuotas de mantenimiento en comunidades cerradas.

Es relevante planificar el cambio de vivienda cuando todavía estamos fuertes para afrontar una mudanza.

A medida que envejecemos, podemos ir desprendiéndonos de aquellas cosas que ya no utilizamos.

El desprendimiento de objetos tales como herramientas, adornos, prendas y cuadros, no solo puede ser útil para algún familiar o amigo, sino que también puede convertirse en un lindo recuerdo para ellos.

También contribuye a simplificar nuestra vida, haciendo nuestro entorno más ordenado y manejable. Además, al compartir estos objetos con seres queridos, estamos fortaleciendo nuestros lazos con ellos, transmitiendo no solo un artículo material, sino también un pedazo de nuestra historia y afecto.

Ser generosos nos proporciona una gran recompensa.
Además, al final de nuestro camino, es importante recordar que no nos llevamos nada físico de lo que tenemos en este mundo. Esta perspectiva puede ayudarnos a soltar con mayor facilidad esas pertenencias y a valorar más las experiencias y relaciones en nuestras vidas.
En última instancia, cada persona tiene necesidades y preferencias únicas, por lo que es importante considerar los deseos y requisitos específicos al buscar una casa adecuada para la vejez.

Una historia personal me hizo reflexionar sobre la importancia de tomar decisiones sobre la vivienda en una etapa temprana de la vida:

Mi abuela vivió su vejez en una casa grande, con múltiples habitaciones, a pesar de vivir sola. Aunque mi madre intentó convencerla durante años para que vendiera la casa y comprara algo más pequeño, mi abuela se aferró a su hogar y finalmente falleció sin realizar ese cambio.

Siguiendo los pasos de mi abuela, mi madre también vivía en una casa grande de más de 5 habitaciones y dos pisos, a pesar de ser viuda. A pesar de nuestros intentos persistentes, no pudimos convencerla de venderla.

Un día, se me ocurrió una idea para persuadirla. Le recordé los esfuerzos que ella misma había hecho para que mi abuela se mudara. Sin embargo, su respuesta fue contundente: *"Ella tenía razón"*.

Los lazos emocionales que mi madre tenía con su casa y su entorno eran tan fuertes que no podía tomar la decisión de vender y mudarse.

Las experiencias anteriores me han llevado a considerar la importancia de abordar el tema de la vivienda en una etapa de la vida en la que los beneficios de hacer un cambio superen las dificultades de mantener una casa grande. A veces, el apego emocional y los lazos con el entorno pueden dificultar la toma de decisiones en beneficio de una vida más cómoda y adecuada a nuestras necesidades en la vejez.

Compartir esta historia tiene como objetivo que otros reflexionen sobre la importancia de tomar decisiones sobre la vivienda en una etapa temprana de la vida, considerando aspectos como el tamaño, la accesibilidad y la adaptabilidad a medida que envejecemos. La idea es crear conciencia sobre la importancia de planificar el futuro y tomar decisiones informadas que permitan disfrutar de una vejez más cómoda y satisfactoria.

El cuidado en el hogar vs. institucional para personas mayores

"La vejez es un privilegio, no una enfermedad". - Nelson Mandela

A medida que las personas envejecen, elegir el lugar de residencia adecuado para las personas mayores es una decisión importante que debe tomarse en conjunto con la persona mayor y su familia. Como guía, compartiré información sobre las opciones de vida, servicios disponibles y cómo tomar decisiones informadas según tus necesidades. También compartiré mis experiencias para ayudarte a identificar elementos importantes en tus decisiones futuras.

Compartiré mis experiencias clasificando los sitios para el cuidado de gente de avanzada edad en dos categorías: *en vivir en Casa vs. Instalaciones de Cuidado institucional para Personas Mayores.*

Algunas personas optan por envejecer en sus hogares actuales mediante modificaciones para hacerlos más accesibles y eventualmente con ayuda de un acompañante, mientras que otras consideran opciones como instalaciones de cuidado institucional.

La decisión final dependerá de las preferencias individuales, el estado de salud, los recursos financieros y otros factores personales.

Vivir en casa: Mantener la independencia mientras se envejece en casa es una preferencia común.

Como mencione anteriormente se hace indispensable acondicionar la vivienda para este fin. El nivel de modificaciones dependerá del estado de salud y requerimientos de la persona mayor.

Para proporcionar una atención adecuada en casa, es posible contratar ayuda externa, como cuidadores a domicilio, asistentes de enfermería o enfermeras registradas.

Típicamente las opciones de atención en casa son:

- *Cuidado de Compañía:* Ayudas no certificadas brindan compañía, conducen a citas, realizan tareas de limpieza liviana, lavandería y preparación de comidas.
- *Asistencia en el Cuidado Personal:* Ayudas no licenciadas o asistentes de enfermería certificados (CNA, en USA) ayudan con recordatorios de medicamentos, baño, vestirse y usar el baño.
- *Cuidado de Salud en el Hogar:* Profesionales médicos con licencia,
  Enfermeras registradas (RNs, en USA), brindan servicios de enfermería especializada, incluido el cuidado de catéteres,

inyecciones y curación de heridas.

Mi madre pasó por estos tres tipos de atención mientras vivía en su apartamento, en una comunidad para gente mayor.

Instalaciones de Cuidado para Personas Mayores: Éstas ofrecen un espectro de servicios que atienden a diferentes necesidades. En varios países, proveen servicios similares, aunque los nombres pueden cambiar.

Los tipos de servicio más comunes son:

- *Asistencia para Vivir:* Manejo de medicamentos, asistencia con actividades de la vida diaria.
- *Hogares de Ancianos:* Cuidado de enfermería especializado, rehabilitación.
- *Cuidado de la mentales*: Cuidado especializado para demencia.
- *Comunidades de Retiro con Atención Continua (CCRCs en USA):* hay una gama de opciones de atención, transición según necesidades.

El Doctor *José Gregorio Liendo*, con amplia experiencia dirigiendo una institución geriátrica, destaca la importancia de considerar el cuidado institucional como una opción viable y positiva. Desmitifica la noción de que representa un abandono por parte de la familia, ya que, en la edad avanzada, las necesidades de cuidado a menudo demandan atención las 24 horas. El Doctor Liendo señala que garantizar el mantenimiento, la higiene, la alimentación y el estímulo diario puede ser desafiante viviendo solos o incluso con familiares.

Cuando un familiar asume la responsabilidad de cuidar a un adulto mayor con limitaciones, puede enfrentarse a una tarea *abrumadora* que, en algunos casos, puede resultar difícil de manejar. Este desafío puede justificar la consideración de opciones de atención institucional.

Algunos familiares pueden sentir que el cuidado institucional es una forma de abandono de sus seres queridos. Sin embargo, es importante recordar que el cuidado en instalaciones geriátricas puede ser una opción positiva para las personas mayores que necesitan atención *especializada*.
En muchos casos, los centros especializados pueden proporcionar a las personas mayores una mejor calidad de vida que si vivieran solas o con familiares que no puedan brindarles la atención que necesitan.

El cuidado institucional puede ofrecer a las personas mayores:

- Atención médica y de enfermería las 24 horas del día.
- Ayuda con las actividades de la vida diaria, como comer, vestirse y bañarse.
- Actividades sociales y recreativas.
- Seguridad y protección.

¿En qué condiciones las personas mayores deben entrar en una institución?

La decisión de ingresar a una institución de cuidado para personas mayores es una decisión personal que debe tomarse en conjunto con la persona mayor y su familia.

No hay una respuesta única que se aplique a todos los casos. Sin embargo, hay algunas condiciones que pueden indicar que el cuidado institucional es una opción adecuada para una persona mayor. Estas condiciones incluyen:

- Dificultades para realizar las actividades de la vida diaria, como comer, vestirse y bañarse.
- Problemas de salud mental o física que requieren atención especializada.
- Falta de apoyo social o familiar.
- Deseo de vivir en un ambiente seguro y protegido.
- Las necesidades y preferencias de la persona mayor.
- El presupuesto familiar.
- Las opciones de cuidado disponibles en la zona.

Es importante visitar varias instituciones antes de tomar una decisión; esto le permitirá comparar las instalaciones, los servicios y los costos.

El cuidado institucional puede ser una opción positiva para muchas personas mayores. Sin embargo, es importante tomar la decisión con cuidado y considerar todos los factores involucrados. Además, es importante destacar que el hecho de que una persona esté en una institución no implica aislamiento, ya que las visitas familiares y la participación en entornos familiares son aspectos esenciales, dependiendo de las condiciones de salud del adulto mayor.

El Doctor Liendo da algunas recomendaciones adicionales en este sentido: "Cuando ya el adulto mayor ingresa a la institución se recomienda un esquema de visitas y/o llamadas fijo, por ejemplo dos días equidistantes por semana (lunes jueves) (martes viernes) (miércoles sábados) o según el tiempo disponible del familiar, una vez por semana o cada 15 días, lo importante es hacer un esquema fijo, que generará tranquilidad al adulto mayor y al mismo familiar".

Esta es una recomendación importante. Yo la puse en práctica y puedo confirmar que tiene varios beneficios.

Incorporar la práctica de tener días específicos de visita conlleva varios beneficios tanto para los familiares como para el adulto mayor y la institución. Este enfoque establece un compromiso claro por parte de todos los involucrados, brindando una estructura predecible y consistente.
Para el adulto mayor, la certeza de recibir visitas en días específicos genera tranquilidad y entusiasmo, ya que puede anticipar y esperar esos momentos de conexión con sus seres queridos.

Además, implementar un calendario fijo de visitas contribuye positivamente al funcionamiento general de la institución.
Evita visitas inesperadas que podrían afectar negativamente la rutina y operación diaria. La planificación establecida permite a las personas encargadas en la institución organizar y coordinar de manera más efectiva, garantizando un entorno más controlado, tranquilo y seguro para todos los residentes.

Mi experiencia: Mi madre vivió por muchos años en un apartamento, una comunidad para personas mayores. Al principio era bastante autónoma en cuanto a sus actividades de vida diaria. Una persona iba un par de veces a la semana para mantener limpio el apartamento y ayudarla en algunas cosas. Mi esposa y yo apoyamos comprando la comida, visitando a mi madre periódicamente y saliendo con ella semanalmente.

A medida que pasaron los años, tuvimos que aumentar la ayuda. Mi madre ya requería ayuda para preparar la comida diaria, limpiar, tener compañía durante el día y otras actividades.

Cuando se necesitó la participación de otra persona para tareas como la preparación de comida, nuestro nivel de involucramiento aumentó considerablemente.

Conseguí ayuda de mi hermano con la lista de alimentos, quien a pesar de vivir en otro país y gracias a la tecnología, hacia los pedidos semanales de alimentos en una empresa que presta ese servicio por internet y los alimentos eran llevados a casa de mamá.

El servicio de atención en casa era prestado por diferentes personas, y mantener la logística entre ellas, así como contratar reemplazos durante las vacaciones, fines de semana, se convirtió en una tarea intensa y continua.

No se debe subestimar el tiempo que esto requiere de parte de los familiares. Incluso actividades simples, como cambiar la temperatura del aire acondicionado o usar el control remoto para cambiar de canal del televisor, se volvían actividades que requerían visitas no programadas debido a "emergencias" como que el televisor no funcionaba o el aire acondicionado estaba muy frio.

La situación cambió dramáticamente cuando mi madre se cayó un día de la cama y quedó incapaz de levantarse sola.

Esto generó la necesidad de una asistencia constante las 24 horas del día, y las tareas que antes eran manejadas aumentaron enormemente en complejidad. Contratar personas no certificadas ya no era suficiente, y nos vimos obligados a contratar profesionales con licencia en casa, lo cual resultaba financieramente inmanejable para nosotros.

Una simple caída cambió significativamente la vida de mi madre y de toda la familia. Las semanas dedicadas a cubrir las necesidades de mi madre antes de obtener la ayuda adecuada, se convirtieron en una tarea agotadora, mantener esta situación a largo plazo podría haber afectado negativamente a la familia y relaciones matrimoniales, sin proporcionar un servicio adecuado a nuestro ser querido. Mi mamá tampoco tendría la atención que necesitaba.

Después de una exhaustiva investigación, llegamos a la conclusión de que un lugar especializado en el cuidado de personas mayores sería la mejor opción para satisfacer sus necesidades, estar en casa no sería una opción viable.

Comparto mi experiencia en la búsqueda y selección de una institución para el cuidado de mi madre, esperando te sea de utilidad ya que no fue fácil.

Al principio, desconocía los costos asociados y los diferentes tipos de instituciones disponibles. Después de hablar y visitar numerosas instituciones, descubrimos que los hogares de vida asistida ("Assisted Living Facility" en inglés) eran los más convenientes para ella.
Estos lugares están diseñados para personas que pueden realizar actividades diarias con asistencia. Aunque mi madre no podía hacerlo y por eso tuvimos que buscar este sitio, esperábamos que con terapia y otros apoyos pudiera ganar cierta autonomía.

Visitamos diversas opciones, desde lugares impersonales que cuidaban a cientos de personas en un edificio, hasta lugares tipo "Hotel de 5 Estrellas" para personas con cierta autonomía. Ninguno nos convencía; el primero por ser muy impersonal y el segundo por no ofrecer el tipo de servicio que mi madre necesitaba.

Finalmente, nos centramos en lugares que manejan grupos más pequeños, hasta 6 adultos mayores en una casa, cada uno con su habitación independiente.

Visitamos numerosos lugares, evaluando factores como la proximidad con nuestra casa, servicios, flexibilidad, amabilidad con los residentes, costo y ambiente. Finalmente encontramos lo que consideramos el sitio ideal para su situación.

Lamentablemente, la salud de mi madre empeoró y falleció en ese lugar en pocos meses.

En algún momento de nuestra vejez, si requerimos atención altamente demandante de cuidados. Contar con instituciones de este tipo es lo más conveniente para todos los involucrados.

Cuando somos adultos mayores, debemos tener la conciencia de que, si llegamos a necesitar tanta atención, no podemos "sacrificar" la vida de nuestros seres queridos, quienes igualmente estarán viviendo sus últimos años o décadas de vida.
Sabemos que nos quieren y podremos seguir disfrutando de sus visitas, sin sacrificar la vida de ellos.

Afrontando la Soledad y los Cambios en la Pareja

"La soledad es una compañía frecuente, nuestras conexiones sociales nos ayudarán a encontrar nuevos propósitos y satisfacción."

En este capítulo, se abordará cómo enfrentar la soledad que a veces puede acompañar a la vejez y los cambios que ocurren tras una eventual pérdida de la pareja. Hay que reconocer que la soledad es una compañía frecuente y que no se puede resolver a costa de la vida de otros. En lugar de buscar compañía por conveniencia, es importante buscar actividades enriquecedoras, recurrir a tus conexiones sociales para que te brinden satisfacción personal.

Dependiendo de las diferencias de edades entre la pareja, condiciones físicas individuales, hábitos de vida entre otros factores, es probable que toque enfrentar la pérdida del otro.

Hay estudios (14 & 15) que han analizado la probabilidad de que ambas personas de una pareja lleguen a edad avanzada (85 años) juntas, han encontrado que esta probabilidad es de aproximadamente el 25-30%. Esta probabilidad aumenta a medida que la edad de la pareja aumenta.

Si se enfrenta la pérdida de la pareja, especialmente si tenemos una gran afección por nuestra pareja, es algo muy importante en nuestra vida. Puede significar para nosotros la pérdida de la persona con que compartes tu vida, con la que ríes, con el padre o madre de tu hijos/as, tu compañero sexual, todo esto es de gran impacto para nosotros.

Cada duelo es diferente y hay que vivirlo a nuestro propio ritmo, sin escondernos de nuestros familiares o amigos, evitemos afectar nuestra salud, (no descuidar las medicinas, el sueño, la buena alimentación, etc.) y recordar nuestra red de apoyo para transitar los cambios emocionales.

Es natural que se produzcan cambios significativos en la vida social y emocional. Para enfrentar esta situación, es necesario adaptarse y buscar nuevas formas de conexión con los demás. Se puede hablar con amigos y seres queridos sobre los sentimientos y necesidades, permitiéndoles saber que se está interesado en seguir siendo parte de la vida social y que se valora su compañía.

Las reacciones de los demás pueden variar. Algunos pueden sentirse incómodos o inseguros de cómo abordar la situación, lo que puede llevar a cierta distancia emocional. Sin embargo, muchas personas estarán dispuestas a ofrecer su apoyo y compañía durante este momento difícil.

Es recomendable buscar oportunidades para conocer nuevas personas y expandir el círculo social. Esto puede incluir participar en actividades comunitarias, unirse a clubes o grupos con intereses similares, o incluso considerar el voluntariado. Estas nuevas conexiones pueden brindar compañía y enriquecer la vida social.

Es importante permitirse vivir el duelo: La pérdida de una pareja es un proceso de duelo que requiere tiempo y espacio para sanar. Permitirse experimentar y procesar emociones como la tristeza, la ira y la confusión. No es necesario apresurarse a superar el dolor, sino permitirse sentirlo y buscar formas saludables de expresarlo, como hablar con amigos cercanos, familiares o un profesional de la salud mental.

- *Busque apoyo emocional:* No tenga miedo de buscar apoyo emocional durante este período. Hable con amigos, familiares y personas de confianza sobre los sentimientos y experiencias.
- Compartir las emociones puede aliviar el peso de la soledad y brindar consuelo.
- *Mantenga una red de apoyo social:*
  Es importante mantener y fortalecer las conexiones sociales después de la pérdida de la pareja. Busque actividades y grupos en la comunidad que interesen y brinden la oportunidad de conocer a nuevas personas.
- *Participar en actividades sociales* puede ayudar a mantener una vida social activa y encontrar compañía y amistades. Además, busque el apoyo de amigos cercanos y familiares,

quienes pueden brindar el soporte emocional necesario durante este proceso.

Es común que algunas personas se muden con alguno de sus hijos o amigos luego de una situación de pérdida. Si bien esto puede ser bueno y conveniente por un tiempo, es importante tener en cuenta que extenderlo puede llevar a abandonar la casa y conexiones sociales, *lo que puede hacer que se sientan solos incluso estando acompañados.*

Participar en actividades grupales, unirse a clubes o asociaciones, y explorar nuevas amistades ayuda a superar la soledad y construir una red de apoyo sólida en la vejez. Es importante reconocer que esta transición lleva tiempo y que es normal experimentar altibajos emocionales. Enfrentar estos cambios requiere paciencia, apoyo y una actitud abierta hacia la construcción de nuevas conexiones y actividades que brinden satisfacción y bienestar en la vejez.

Impacto Económico

Perder a tu pareja no solo trae un impacto emocional profundo, sino también cambios financieros significativos. Es posible que algunos gastos, como seguros y costos de vehículos, disminuyan, pero enfrentarás una reducción en los ingresos, especialmente si dependías de la pensión o el Seguro Social de tu pareja. Es crucial solicitar el beneficio por supervivencia lo antes posible para mitigar esta pérdida.

En cuanto a las cuentas de retiro con impuestos diferidos, como el Roth IRA y el 401(k), en USA, tienes opciones. Puedes integrar estas cuentas heredadas a tu cuenta sin impacto fiscal o mantenerlo separado para retiros libres de impuestos. Los fondos del impuestos diferidos pueden transferirse a tu plan o tomarse como distribuciones directas, lo que influirá en la tributación.

Recuerda, las distribuciones de un Roth IRA heredado generalmente son libres de impuestos, siempre que se cumplan ciertas condiciones. Sin embargo, al pasar a ser soltero, prepárate para tasas de impuestos potencialmente más altas. Este cambio de circunstancias requiere una revisión cuidadosa de tu situación financiera y, posiblemente, la búsqueda de asesoramiento para ajustar tu planificación fiscal y de retiro.

Te sugiero hacer una revisión completa de el plan de retiro con estos cambios para ver su impacto en el largo plazo.

Busque el apoyo necesario y encuentre formas de mantener una vida llevadera, honrando la memoria de la pareja mientras continúa construyendo su propio camino. Reflexione sobre cómo se puede lidiar con la soledad de una manera más saludable. Involucrarse en actividades apasionantes, aprender nuevas habilidades o explorar pasatiempos creativos puede brindar un sentido de propósito y satisfacción en la vejez.

Mi Partida

"Expresa tus últimos deseos para que sean respetados, tu familia lo apreciara"

Es esencial enfrentar la realidad de nuestro fin y hablar de ello con nuestra familia de manera seria y responsable. Planificar cómo deseamos manejar esta última etapa nos permite confrontar nuestra mortalidad y ayudar a nuestros seres queridos a evitar decisiones dolorosas durante el duelo.

Comunicar nuestros deseos y decisiones a nuestros familiares o amigos íntimos es fundamental.
Informar a familiares y amigos cercanos sobre nuestras preferencias en cuanto al funeral, entierro o cremación, y cualquier otro aspecto relevante, les brindará orientación y facilitará la toma de decisiones cuando llegue el momento.

Este acto evitará cargarlos con la responsabilidad y el estrés de tomar estas decisiones sin saber qué hubiéramos deseado.

El escribir nuestros *"Deseos funerarios"* será de gran ayuda para ellos.

Es aconsejable investigar la posibilidad de obtener un seguro de gastos funerarios. Estos seguros están diseñados para cubrir los costos asociados con el funeral y entierro, aliviando la carga financiera para nuestros seres queridos.
Consultar con diferentes proveedores de seguros para obtener información sobre las opciones disponibles nos ayudará a determinar cuál se ajusta mejor a nuestras necesidades.

Deseos Funerarios:
Si deseamos dejar todos los trámites relacionados con nuestro entierro resueltos de antemano, hay algunas medidas que podemos tomar para facilitar este proceso. Aquí hay algunas recomendaciones:

Considera realizar una planificación anticipada de funeral. Tomar decisiones sobre cómo deseamos que se lleve a cabo nuestro funeral o servicio con anticipación. Lógicamente esto dependerá de tus costumbres o principios religiosos.

Seleccionar el tipo de servicio, si deseamos cremación o no, el lugar, la música, los rituales y otros aspectos, ayudará a nuestros familiares o amigos íntimos a conocer nuestros deseos y facilitará la organización cuando llegue el momento.

A modo de ejemplo, En mi caso hice un breve documento, indicando mis deseos de cómo tratar mi cuerpo después de la muerte, formato del funeral, tipo de música que desearía se pusiera, simplicidad en la escogencia de féretro, mi deseo de que el funeral no sea a cuerpo presente, localización y contactos del cementerio donde ya seleccioné mi lugar póstumo, etc.

Esta carta, está notariada y se la entregué a dos familiares cercanos y a un amigo, como tercera opción, en caso de que las personas allegadas no se encuentren cerca o en posición de hacer estos arreglos.

También se debe prever que, si fallecemos antes que nuestra pareja, dejar bien documentado el acceso a las cuentas bancarias y otros bienes materiales.

Manejo de tu legado

Es fundamental trabajar con un abogado especializado en planificación patrimonial para establecer documentos legales importantes. Por ejemplo, se puede redactar un testamento que especifique cómo se desean distribuir los bienes y propiedades, y establecer un poder notarial y directivas anticipadas de atención médica para garantizar que los deseos sean respetados en caso de que no se pueda tomar decisiones por sí mismo.

Tener un testamento actualizado que especifique nuestros deseos en cuanto a la distribución de nuestros bienes y propiedades es esencial. Podemos hacerlo con un experto en el área o mediante un documento debidamente notariado. Esto facilita decisiones, evita conflictos y protege nuestro legado, por pequeño que sea. *Expresar nuestra voluntad sobre cómo deseamos repartir nuestros bienes es algo que nuestra descendencia agradecerá.*

Si tus bienes son considerables, mi recomendación es preparar un "Trust" o fideicomiso, de esta manera, tus herederos, no tienen que recurrir a un juez para acceder a nuestra herencia, sino que estaría disponible de forma inmediata.

En el testamento o en el "Trust", debemos expresar claramente nuestro deseo de dejar nuestros bienes y propiedades a ciertas personas o instituciones.

Identificar a las personas o beneficiarios que recibirán nuestros bienes y propiedades después de nuestro fallecimiento.

Designar a una persona de confianza que se encargará de llevar a cabo nuestros deseos y gestionar la distribución de nuestros bienes de acuerdo con el testamento.

Especificar claramente qué bienes, cuentas bancarias, propiedades o activos están incluidos en el testamento.
Firmar el testamento y poner la fecha para validar legalmente el documento.

Al hacer un testamento o establecer un fideicomiso, tienes la oportunidad de nombrar un albacea o representante del fideicomiso de confianza, quien se encargará de cumplir tus instrucciones y garantizar que tus bienes se administren de acuerdo con tus deseos.
Además, estos documentos ofrecen la oportunidad de minimizar la carga fiscal para tus herederos y facilitar el proceso de transición, proporcionando seguridad y claridad en un momento emocionalmente difícil.
Dependiendo de la legislación local, es posible que necesitemos la firma de testigos para que el testamento sea válido.

Demostremos nuestra generosidad

Si revisamos nuestros ahorros y vemos que tenemos suficiente para cubrir nuestros gastos de por vida con un excedente, consideremos la opción de dar parte de la herencia en vida a nuestros herederos en lugar de dejarla como legado. Esto les permitirá aprovechar mejor esos recursos, probablemente estén más jóvenes, mientras nosotros disfrutamos de ver el resultado de nuestro gesto generoso.

Otra posibilidad es organizar fiestas o reuniones con los amigos y familia más significativos y costear los gastos parcial o totalmente, para celebrar la vida juntos.

Algunas otras personas pueden realizar donaciones de parte de su dinero a instituciones benéficas de su agrado.
Si financieramente esto no es posible, es quizás el momento de dar, EN VIDA, pertenencias de valor a nuestros hijos o amigos, no esperemos a nuestra muerte para que alguien más disponga de ellas.

En resumen, la creación de un testamento o fideicomiso es un paso crucial para preservar tu legado y asegurarte de que tus deseos sean respetados y ejecutados de manera efectiva.

Final Feliz

"Vivir con plenitud, amar y dejar un legado de amor y felicidad en quienes nos rodean, trascendiendo en el tiempo."

Dependiendo de la religión, algunas personas creen en la resurrección, otras en la reencarnación o en algo diferente o en nada; en general, su fe les indica qué hay después de esta vida.

Respetando las creencias individuales, en este capítulo final, quiero transmitir la importancia de una vida bien vivida y llena de felicidad, donde dejemos una huella positiva en las personas que nos rodean, más allá de consideraciones económicas.

Un final feliz se construye al ver nuestra vida personal y profesional realizada, el haber disfrutado plenamente cada día que vivimos, sin importar la edad o años que transitamos y al final, dejar una profunda impresión en todos aquellos que compartieron su camino con nosotros.

En el cierre de esta enriquecedora travesía, nos sumergimos en la profunda reflexión de que la vida, con sus diferentes etapas, nos invita a apreciar cada momento como un regalo valioso.

A través de estas páginas, hemos aprendido a abrazar la vejez como una oportunidad para crecer, amar y experimentar la vida con mayor intensidad. El presente se ha vuelto nuestro aliado, y en él encontramos la plenitud que tanto anhelamos.

Al enfocarnos en el aquí y ahora, hemos descubierto la fuerza para superar obstáculos y la capacidad de adaptarnos a los cambios con gracia.
Deseo que este libro te ayude como una guía que marque tu camino, recordándonos que cada día cuenta, y que la felicidad reside en las pequeñas cosas.

Sigamos cultivando relaciones significativas, participando en actividades que nos apasionen y valorando la belleza de la vida en todas sus etapas.
Que esta búsqueda de una vida completa y enriquecedora sea nuestro legado para las generaciones venideras. ¡Que el presente siempre nos encuentre listos para abrazarlo con gratitud y alegría!

Aunque es cierto que después de partir, con el tiempo podemos ser olvidados, mientras la vida de los demás sigue su curso, en el presente viviremos con la certeza de haber logrado un final feliz.

Nuestro legado no se mide por la fama o el reconocimiento masivo, sino por el impacto y los recuerdos que hemos dejado en el corazón de quienes nos conocieron.

Una vida bien vivida está tejida con los hilos de la felicidad compartida, los momentos de amor y amistad, y las enseñanzas que dejamos como legado. Al final de nuestro viaje, podremos mirar atrás y sentirnos satisfechos sabiendo que nuestras acciones, nuestras palabras y nuestra presencia han dejado una marca duradera en el mundo y en las vidas de aquellos a quienes tocamos con nuestro ser.

Recordemos que es importante pensar profundamente en cómo queremos ser recordados.

Al morir, la gente es generosa con nuestros recuerdos, aunque hayamos tenido muchos defectos. Si dejamos buenos recuerdos, seguiremos viviendo en la memoria de nuestros seres queridos y amigos para siempre. También debemos estar seguros de habernos realizado y haber cumplido la mayoría de nuestros deseos.

Nuestro objetivo debería ser enfrentar la muerte sin arrepentimientos. Pensando en estos temas, podremos hacer los ajustes necesarios a nuestra vida para llegar al final complacidos con la vida que llevamos.

El secreto para alcanzar un final feliz radica en la conexión genuina con los demás, en la capacidad de amar y ser amados, y en la dedicación a causas y valores que trascienden el tiempo. Cada sonrisa compartida, cada mano extendida y cada palabra de aliento forman parte de nuestro legado, creando una cadena de bondad y bienestar que perdurará en la memoria de quienes nos sobrevivan.

En la búsqueda de un final feliz, recordemos que la vida no se mide por la cantidad de años, sino por la calidad de nuestras relaciones y experiencias.

Abracemos cada día con gratitud y alegría, viviendo con la certeza de que nuestra existencia ha sido significativa y que hemos dejado un legado de amor y felicidad que trasciende los límites del tiempo.

Así, con el corazón en paz y la certeza de haber vivido plenamente, nos preparamos para despedirnos con una sonrisa, confiados en que nuestro final será verdaderamente feliz.

Descargo de Responsabilidad

La información proporcionada en este documento acerca de finanzas personales, inversiones, mudanzas, ahorro, etc., tiene únicamente propósitos informativos y no debe considerarse asesoramiento profesional. El autor no está licenciado como asesor financiero, contador ni profesional en el área, y carece de la capacidad para brindar asesoramiento personalizado.

Es relevante destacar que el autor no actúa como agente inmobiliario con licencia, y cualquier mención de inversiones inmobiliarias en este documento no debe interpretarse como asesoramiento específico en esta área.

Las opiniones, sugerencias y consejos expresados en este documento sobre finanzas y otros temas se basan en experiencias individuales y no constituyen asesoramiento financiero ni contable. Este material no pretende reemplazar la consulta con un profesional calificado.

Se recomienda encarecidamente a los lectores buscar el asesoramiento de un profesional antes de tomar decisiones importantes relacionadas con finanzas, inversiones, contabilidad u otros temas similares.

Los lectores deben realizar su propia investigación y consultar a profesionales con licencia antes de tomar decisiones. El autor no asume responsabilidad por pérdidas o daños que puedan derivarse del uso de esta información incluyendo las hojas de cálculo.
El lector asume la responsabilidad total de cualquier acción basada en la información proporcionada en este documento.

Reconocimientos

Quiero expresar mi sincero agradecimiento a las personas que han contribuido significativamente a la creación de este libro:

Mi esposa, Maria Ignacia Hernaiz, Quiero expresar mi agradecimiento especial a Nacha, mi esposa, por su contribución invaluable a la creación de este libro. Su comentarios detallados y nuestras conversaciones han sido fundamentales para afinar y dar forma a los conceptos expresados en estas páginas. Aprecio sinceramente su perspicacia y apoyo, que han enriquecido la calidad y coherencia de este proyecto.

Mi hermana, Mirian Level, cuyo apoyo fue sustancial en la elaboración del capítulo sobre religión. Su perspectiva enriqueció enormemente este contenido.

Andrés Eusebio Level Rodríguez, Tío Chispa, agradezco sinceramente sus valiosos comentarios y correcciones al texto. Su visión crítica ha mejorado la calidad del libro de manera inestimable.

Maria Isabel Gottlieb, mi sobrina Marisa, por su valiosa ayuda en servir como "correctora" del texto del libro, para tener un mejor contenido.

Antonio Catale, mi amigo Tony, al cual agradezco sus oportunos comentarios que han contribuido significativamente al contenido y la calidad de este libro.

Ramon Van Zanten, amigo a quien le debo un especial reconocimiento por su dedicación en la corrección y revisión del libro.

Jose Luis Duran, mi amigo Pepe, al cual agradezco sus valiosos comentarios en el capítulo" Mi religión".

Los doctores Jose Gregorio Lira y Dra. Honjidbis Lira Puerta, agradezco sus valiosísimos comentarios que han aportado una perspectiva médica y profesional fundamental para el enriquecimiento de este trabajo.

Prof. Emiro Rotundo Paúl, Estimado profesor, agradezco su experiencia, y sus puntos de vista que han mejorado la estructura y claridad del libro.

Su compromiso y dedicación han sido esenciales para llevar este proyecto a buen término. Estoy agradecido por su tiempo, conocimiento y generosidad. Ustedes han sido una parte fundamental de este viaje.

Muchas gracias.

Acerca del Autor

Haroldo Level, con su experiencia de más de 40 años en tecnología y gerencia comparte en este libro una guía práctica para transitar desde la juventud adulta pasando por la "jubilación", hasta el fin de nuestros días.

Level aporta una perspectiva valiosa sobre la planificación de una jubilación exitosa y disfrutable. Su enfoque se basa en su experiencia personal, cuidando a su madre por muchos años y consejos recibidos de muchas personas mayores. Destaca la importancia de las conexiones sociales y la salud física y mental para lograr una longevidad plena. Además, ofrece ideas sobre cómo encontrar oportunidades de crecimiento y desarrollo personal después de la jubilación.
Con su enfoque único y guía práctica, nos inspira a abrazar una vida enriquecedora y significativa. Su experiencia empresarial respalda sus consejos y aportan profundidad a sus reflexiones.
Luego de retirarse ha liderado una compañía familiar, emprendimiento para el diseño, fabricación, distribución y venta de productos para el mantenimiento de piscinas.

El autor nos invita a explorar el viaje desde la juventud hasta la jubilación con una perspectiva única, fusionando experiencias personales con una sólida base de conocimientos empresariales y tecnológicos. Su historia inspiradora y consejos prácticos hacen de este libro una lectura imprescindible para aquellos que buscan una vida significativa y llena de oportunidades.

Si deseas comentar sobre el libro, hacer preguntas o comunicarte con el autor, escribe a este email: moreyearsbetterlife@gmail.com

Cuando haga actualizaciones menores del libro, con gusto se las enviaré a las personas que hayan escrito. Puedes tener la seguridad que tu dirección de email no será utilizada para otro fin, ni vendida.

Bibliografía

1. Holt-Lunstad, J., Smith, T. B., & Layton, J. B. (2010). Social relationships and mortality risk: A meta-analytic review. PLOS Medicine, 7(7), e1000316. doi: 10.1371/journal.pmed.1000316

Steptoe, A., Shankar, A., Demakakos, P., & Wardle, J. (2013). Social isolation, loneliness, and all-cause mortality in older men and women. Proceedings of the National Academy of Sciences, 110(15), 5797-5801. doi: 10.1073/pnas.1219686110

Uchino, B. N. (2006). Social support and health: A review of physiological processes potentially underlying links to disease outcomes. Journal of Behavioral Medicine, 29(4), 377-387. doi: 10.1007/s10865-006-9056-5

Berkman, L. F., & Syme, S. L. (1979). Social networks, host resistance, and mortality: A nine-year follow-up study of Alameda County residents. American Journal of Epidemiology, 109(2), 186-204. doi: 10.1093/oxfordjournals.aje.a112674

James, B. D., Wilson, R. S., Barnes, L. L., & Bennett, D. A. (2011). Late-life social activity and cognitive decline in old age. Journal of the International Neuropsychological Society, 17(6), 998-1005. doi: 10.1017/S1355617711000531

Cornwell, E. Y., & Waite, L. J. (2009). Social disconnectedness, perceived isolation, and health among older adults. Journal of Health and Social Behavior, 50(1), 31-48. doi: 10.1177/002214650905000103

2. United Nations High Commissioner for Refugees (UNHCR) emergency

3. No quiero envejecer: Las claves para vivir plenamente y disfrutar del paso del tiempo- Pilar Sordo, aunque ella no se atribuye esta definición, lo menciona en su libro y podcasts.

4. Association between social activity frequency and overall survival in older people: results from the Chinese Longitudinal Healthy Longevity Survey (CLHLS) - Journal of Epidemiology & Community Health

5. Encuesta Longitudinal de Longevidad Saludable de China (CLHLS)

6. Centers for Disease Control and Prevention - Keep on Your Feet—Preventing Older Adult Falls

7. World Health Organization, Global Health Observatory (GHO) data on life expectancy at birth (https://www.who.int/gho/mortality_burden_disease/life_tables/situation_trends/en/

8. "Die with Zero" author Bill Perkins. o "Morir con Cero"

9. CDC Life Expectancy in the U.S. Dropped for the Second Year in a Row in 2021

10. AARP Bulletin - September 2023 (vol. 64)

11. Retirement: What People Want and What They're Getting" (2021) by the Pew Research Center.

12. The Effect of a Full-Body Exoskeleton on Physical Function and Quality of Life in Older Adults with Mobility Disability (Takashi Iida, Yuichiro Iwashita, Kazuyoshi Nishida- Nature Medicine, Vol.:28, Núm.:1, 2022, 10.1038/s41591-022-01792-6)

13. The Effect of a Lower-Limb Exoskeleton on Physical Function and Pain in Older Adults with Knee Osteoarthritis (Alessandro Biagi, Riccardo Caputo, Andrea Perotti - Science Robotics, Vol.:7, #47, 2022, 10.1126/scirobotics.abm7260)

14. Título:The Probability of Couples Surviving to Age 85 Together

(Emily M. Grundy, Kenneth C. Wachter, and Ronald D. Lee, Revista:Demography, Vol.:53, Núm.:1, 2016, 10.1007/s13524-015-0520-x)

15. Título:The Probability of Couples Surviving to Age 85 Together: Evidence from the UK Longitudinal Study of Aging

(Sarah Harper, Sarah E. Smith, and Laura Hewison - Revista:Social Science & Medicine, Vol.:276, 2022, 10.1016/j.socscimed.2022.115213)

16. The Ewing Marion Kauffman Foundation(2016): titled "Entrepreneurial Age: The Rise of the Gray Collar Entrepreneur" pages 55-64
16.1 Wikipedia: Madoff investment scandal

17. NPR Newsletetrs, March 12, 2009. https://www.npr.org/2009/03/12/101823851/madoff-victim-says-she-lost-all-her-savings

18. Enciclopedia Brittanica, Nov, 2023, "Enron Scandal" https://www.britannica.com/event/Enron-scandal

19. Forbes, "post-Enron 401(K), October 20,2003 https://www.forbes.com/2003/10/20/cx_aw_1020retirement.html?sh=462b32442824

20. Norada Real Estate Investments, October 19, 2002 "Housing market Crash"

https://www.noradarealestate.com/blog/housing-market-crash-2008/#:~:text=The%20housing%20market%20collapse%20of,and%20many%20businesses%20went%20bankrupt

21. Investopedia, "The 2007-2008 Financial Crisis in Review", March 19, 2023

https://www.investopedia.com/articles/economics/09/financial-crisis-review.asp#:~:text=The%202008%20financial%20crisis%20began%20with%20cheap%20credit,many%20their%20jobs%2C%20their%20savings%2C%20and%20their%20homes.

22. 25 principales trabajos a tiempo parcial para jubilados (aarp.org) https://www.aarp.org/espanol/trabajo/busqueda-de-empleo/info-2020/principales-trabajos-a-tiempo-parcial-para-jubilados.html#:~:text=Los%2025%20principales%20trabajos%20a%20tiempo%20parcial%20para,8%208.%20Secretario%20o%20secretaria%20...%20More%20items

23. A token of collapse: FTX created a cryptocurrency that helped destroy it : NPR

24. Forbes titulado "Retirement Planning Isn't Complicated" (La planificación de la jubilación no es complicada), escrito por Roger Whitney, 2023-10-11

25. 2 Ways Retirees Can Defuse a Tax Bomb (It's Not Too Late!) - Kiplinger: https://www.kiplinger.com/retirement/retirees-can-reduce-taxes-in-retirement

Apéndice A
Planificación Financiera en Estados Unidos

"A veces para un viaje dedicamos horas de planificación.
Es meritorio dedicar unas cuantas horas a lo que puede ser el plan
de un tercio de tu vida."

Luego de haber leído el capítulo "Plan de Retiro, Planificación Financiera y Emprendimiento", procederé a explicar los diferentes elementos, legislación y condiciones que impactan las finanzas y la elaboración de un plan de retiro en Estados Unidos.

Finalmente podrás ver el "Apéndice B", "Creando tu Plan De Retiro" donde pondrás en práctica los conceptos aquí mostrados. También verás cómo puedes obtener las hojas de cálculo de el plan de Retiro Simplificado y otra para un plan detallado de manera inmediata.

Te sugiero que veas primero dos ejemplos que preparé, uno por cada hoja, así entenderás mejor y podrás luego proceder a la elaboración del tuyo.

Lo aquí sugerido no es una recomendación financiera, son ejemplos de los temas que deberíamos revisar con un experto en finanzas.
Por favor lee el "Descargo de responsabilidad" al final del libro.

Como mencioné anteriormente, para construir un plan de retiro sólido y realista, necesitas recopilar información esencial que te permita entender tu situación financiera actual y proyectar tus necesidades futuras.

Opciones de ahorro e Inversión para el Retiro
Revisaré las opciones que tenemos, algunas ya las hemos comentado, pero ahora enfocaremos la atención en el tratamiento que cada una le da al tema impositivo:

- *401(k):* Un plan ofrecido por empleadores que permite a los empleados ahorrar e invertir una parte de su salario antes de impuestos. Las contribuciones se invierten en opciones seleccionadas y pueden crecer libres de impuestos hasta el retiro.
- *Roth IRA:* Una cuenta de retiro individual donde pagas impuestos sobre las contribuciones por adelantado, pero los retiros y las ganancias son libres de impuestos luego de cumplir algunas condiciones. Ideal para quienes esperan estar en un tramo impositivo más alto al jubilarse.

- *IRA Tradicional:* Similar al Roth IRA en estructura, pero inviertes con dinero antes de impuestos, lo que significa que tus contribuciones pueden ser deducibles de impuestos ahora, pero pagarás impuestos al retirar el dinero en el retiro.
- *Cuenta de Ahorros Bancaria*: Una opción segura y líquida para guardar dinero, aunque generalmente ofrece tasas de interés más bajas. Es una buena elección para el fondo de emergencia o el dinero que planeas usar en el corto plazo.
- *Cuenta de Inversión Regular:* Una cuenta de corretaje que te permite comprar y vender acciones, bonos, fondos mutuos y otros tipos de inversiones. No tiene beneficios fiscales específicos para el retiro, pero ofrece flexibilidad y potencial de crecimiento.
- *Inmuebles:* Invertir en propiedades puede proporcionar ingresos pasivos y apreciación del capital a largo plazo, aunque viene con responsabilidades adicionales de mantenimiento y gestión.

Esta tabla te podrá más claridad sobre la diferencias modalidades de ahorro:

Aspecto	401(k)	Roth IRA	Cuenta Bancaria	Cuenta de Acciones Normal
Contribuciones	Pre-impuestos (deducibles de impuestos)	Después de impuestos (no deducibles de impuestos)	Después de impuestos (no deducibles de impuestos)	Después de impuestos (no deducibles de impuestos)
Crecimiento	Diferimiento de impuestos	Libre de impuestos	Sujeto a impuestos	Sujeto a impuestos
Retiros	Sujeto a impuestos	Por lo general, libre de impuestos (calificados)	Libre de impuestos (contribuciones originales) / Sujeto a	Sujeto a impuestos

Aspecto	401(k)	Roth IRA	Cuenta Bancaria	Cuenta de Acciones Normal
			impuestos (ganancias)	
Edad de Retiro	Generalmente 59½ o más para retiros sin penalización	Generalmente 59½ o más para retiros libres de impuestos	En cualquier momento para ambos el principal y las ganancias	En cualquier momento para ambos el principal y las ganancias
Penalización por Retiro Anticipado	Penalización del 10% para retiros antes de los 59½ (con excepciones)	Penalización del 10% sobre las ganancias antes de los 59½ (con excepciones)	Ninguna	Ninguna
Distribuciones Mínimas Obligatorias (RMD)	Requeridas a partir de los 72 años	No requeridas durante la vida del titular original	No requeridas	No requeridas
Impuesto sobre Ganancias (Retiros no calificados)	Tasa de impuesto sobre la renta ordinaria	10% de penalización sobre las ganancias más tasa de impuesto sobre la renta ordinaria	Tasa de impuesto sobre ganancias de capital	Tasa de impuesto sobre ganancias de capital
Impuesto sobre Contribuciones	No se gravan al depositar	No se gravan al depositar	Ya se han gravado al depositar	Ya se han gravado al depositar
Impuesto sobre Crecimiento	Diferido de impuestos (hasta el retiro)	Libre de impuestos	Gravado anualmente (si se realiza)	Gravado anualmente (si se realiza)

Límite de Contribución Anual	$20,500 (2022)	$6,000 (2022) / $7,000 para quienes tienen 50 años o más (recuperación)	Sin límite específico para los depósitos	Sin límite específico para los depósitos
Cálculo del Impuesto	Calculado al preparar la declaración de impuestos del IRS	Calculado al preparar la declaración de impuestos del IRS	Calculado al preparar la declaración de impuestos del IRS	Calculado al preparar la declaración de impuestos del IRS
Condiciones de Retiro Calificado	Cumplir con las condiciones de retiro calificado para retirar libre de impuestos	Cumplir con las condiciones de retiro calificado para retirar libre de impuestos	-	

Cada opción tiene sus propias ventajas, limitaciones y consideraciones fiscales. La elección depende de tus objetivos financieros, tu situación fiscal y tu horizonte de inversión.
Es recomendable diversificar tus inversiones para el retiro para minimizar riesgos y maximizar el potencial de crecimiento.

Cuenta de jubilación con impuestos diferidos o 401K
Para prepararnos para el retiro, contamos con herramientas como el seguro social y los planes 401K o los planes de jubilación voluntarios que ofrecen algunos empleadores.

Aprovechar los planes de jubilación voluntarios 401K es clave para tu futuro. Mi consejo es que empieces a contribuir a tu 401K tan pronto como puedas.
La magia del interés compuesto sobre tus aportaciones puede marcar una gran diferencia con el paso del tiempo. Para sacarle el máximo partido, te recomiendo configurar un plan de ahorro automático, de modo que un porcentaje de tu salario se transfiera directamente a tu cuenta de ahorros cada mes.

Empezar ahorrando entre el 5% y el 10% de tus ingresos es una excelente manera de comenzar.

En Estados Unidos, hay incentivos fiscales para estos planes, como el 401K, donde el pago de impuestos sobre los intereses se aplaza. Aunque este porcentaje inicial pueda parecer pequeño, el interés compuesto trabajará a tu favor, acumulando un ahorro significativo a lo largo del tiempo.

Si la empresa donde trabajas ofrece igualar tus contribuciones, no desaproveches esta oportunidad. Estas contribuciones se hacen antes de impuestos, lo que significa que tanto el dinero que ahorras como las ganancias que genera están exentas de impuestos hasta que decides retirarlos, acelerando su crecimiento.

Asegúrate de contribuir al menos hasta el límite que igualen. Es una forma inteligente de maximizar tu beneficio sin dejar dinero sobre la mesa.

Si eres trabajador por cuenta propia en los Estados Unidos, puedes optar por un SEP IRA (Simplified Employee Pension Individual Retirement Account) o un Solo 401(k), también conocido como un 401(k) individual. Ambas son opciones de cuentas de jubilación que ofrecen ventajas fiscales y te permiten ahorrar para el retiro, pero tienen diferentes reglas y límites de contribución.

Las Distribuciones Mínimas Requeridas (RMD)
Existe una condición especial para algunas cuentas que puede tener un gran impacto en tu futuro, es llamado RMD.

Las Distribuciones Mínimas Requeridas (RMD), son retiros "forzados" que debes empezar a realizar de tus cuentas de jubilación a una cierta edad, gracias a las reglas que buscan que esos ahorros, que crecieron sin pagar impuestos, finalmente contribuyan al fisco.

¿Dónde aplican? Afectan a las IRA tradicionales, planes 401(k), 403(b), 457(b). Las Roth 401(k) y 403(b) también tienen RMD, pero puedes esquivarlas transfiriendo el saldo a una Roth IRA.

Las Roth IRA están exentas de las RMD mientras el titular esté vivo, gracias a que los impuestos ya se han pagado al ingresar el dinero. Cambios recientes con la *Ley SECURE y la Ley SECURE 2.0* han ajustado la edad para las RMD: de 70½ a 72 años, y se espera que suba a 73 en 2023, alcanzando los 75 en 2033.

No atender las RMD puede resultar en una penalización fiscal del 50% sobre lo que debías retirar. Estas reglas son el método del IRS para garantizar la tributación de esos ahorros.

Considerando que los impuestos futuros podrían ser más altos, podría ser prudente retirar fondos del 401K después de la edad de jubilación, aprovechando tasas impositivas más bajas ahora y trasladando esos fondos a un Roth para un crecimiento libre de impuestos posteriormente.

Aquí una tabla resumen para más claridad:

Tipo de Cuenta	Sujeta a RMD	Edad Inicial para RMD (Pre-SECURE)	Edad Inicial para RMD (Post-SECURE)	Edad Inicial para RMD (SECURE 2.0)	Notas Adicionales
IRA Tradicional	Sí	70½	72	73 (2023), 75 (2033)	
Roth IRA	No	N/A	N/A	N/A	No sujeta a RMD durante la vida del titular original.
401(k), 403(b), 457(b)	Sí	70½	72	73 (2023), 75 (2033)	Incluye versiones Roth, pero pueden transferirse a Roth IRA para evitar RMD.
Roth 401(k) y Roth 403(b)	Sí	70½	72	73 (2023), 75 (2033)	Sujetas a RMD, pero se pueden transferir a Roth IRA para evitarlas.
SEP IRA	Sí	70½	72	73 (2023), 75 (2033)	
SIMPLE IRA	Sí	70½	72	73 (2023), 75 (2033)	

Cuentas Roth

Omo comentamos antes, las cuentas Roth son muy útiles ya que los depósitos que haces en ellas, los cuales ya pagaron impuestos, tiene la ventaja que los retiros y las ganancias son libres de impuestos.

Hay importantes limitaciones en la cantidad máxima que podemos depositar, por eso es importante que, si lo vas a usar, úsalo tempranamente.

A continuación una tabla (2023) que resume los límites de contribución al Roth IRA basados en la edad y el estado civil, así como los rangos de ingreso para la contribución máxima, la fase de eliminación y el punto en el que ya no se permite contribuir debido al nivel de ingreso.

Es importante señalar que para contribuir al Roth necesitamos tener un Ingreso Ganado (los ingresos pasivos no cuentan), pero los límites de contribuciones se calculan en base al MAGI (Ingreso Bruto Ajustado Modificado).

Recuerda que estos límites pueden cambiar cada año.

Estado Civil para Efectos de la Declaración	Límite de Contribución (Menores de 50 años)	Límite de Contribución (50 años o más)	Límite de Ingreso para Contribución Máxima	Fase de Eliminación del MAGI	Sin Contribución (MAGI igual o superior a)
Solteros y Jefes de Hogar	$6,500	$7,500	Hasta $138,000	$138,000 - $153,000	$153,000
Casados Presentando Juntos	$6,500	$7,500	Hasta $218,000	$218,000 - $228,000	$228,000
Casados Presentando por Separado	$6,500	$7,500	-	Menos de $10,000	$10,000

Estas tablas, son actualizadas anualmente, revísalas cuando vayas a hacer los depósitos.

Convirtiendo 401(k) en Roth IRA

Identifica el impacto de las RMD en tu total de ingresos cada año. Algunos especialistas (25) piensan que las tasas de impuestos actuales son menores a las que podríamos enfrentar en el futuro. Personalmente, creo que podrían aumentar, aunque no sería políticamente popular afectar significativamente a las personas de bajos ingresos o a los jubilados. Sin embargo, es crucial analizar cómo el RMD, siendo un ingreso "forzado", puede incrementar tu ingreso total y, eventualmente, situarte en un tramo impositivo mayor.

Planifica cuidadosamente para evitar sorpresas.
Si tienes un impacto significativo de RMD en tus ingresos,
entonces considera trabajar en una estrategia que te permita
convertir parte de tus ahorros de 401(k) en un Roth IRA.

Es esencial tener una estrategia bien pensada. Aquí te detallo
algunas tácticas clave para minimizar el impacto fiscal de este
movimiento:

- Distribuir la Conversión a lo Largo de Varios Años: Si convertir
  todo tú 401(k) de una vez te coloca en un tramo impositivo
  más alto, considera repartir la conversión en varios años. Esto
  puede ayudar a mantener tus ingresos dentro de un tramo
  impositivo más bajo, reduciendo la carga fiscal total.
- Aprovechar Años de Ingresos Bajos: Si anticipas años con
  ingresos menores, por ejemplo, un cambio de carrera o el
  inicio temprano de la jubilación, esos pueden ser momentos
  ideales para realizar la conversión y enfrentar una menor tasa
  impositiva.
- Maximizar Deducciones y Créditos: Intenta aumentar tus
  deducciones y créditos fiscales en el año de la conversión.
  Esto puede incluir desde donaciones caritativas hasta gastos
  médicos, ayudando a contrarrestar el ingreso adicional
  generado por la conversión.
- Pagar Impuestos con Fondos Externos: Idealmente, cubre el
  impuesto resultante de la conversión con fondos fuera de tus
  cuentas de retiro. Esto permite que el total convertido a Roth
  crezca libre de impuestos sin mermar tu capital inicial.
- Considerar el Impacto de los Impuestos Estatales: Los
  impuestos estatales pueden variar significativamente, y
  algunos estados ofrecen tratamientos fiscales más favorables

para las conversiones a Roth. Evalúa el impacto estatal antes de decidir.

- Crear una Escalera de Conversión para Retirados Tempranos: Si te retiras antes de la edad típica de jubilación, puedes comenzar a convertir gradualmente tú 401(k) en un Roth IRA en años de bajos ingresos, permitiendo retiros libres de impuestos de las cantidades convertidas después de cinco años.

Impuestos

El impuesto sobre la renta o IRS, aplicará una tasa de impuesto a nuestros ingresos calificados, es decir a nuestros ingresos menos algunas deducciones.

La tabla de impuestos vs. el nivel de ingresos cambia anualmente. Esta contiene los porcentajes que deberán ser aplicados a nuestro ingreso calificado.

La tasa de impuesto varía de acuerdo con nuestro estado civil y el nivel de ingresos. Aun estando casados podemos presentar los impuestos por separado, aunque en solo algunos casos esto puede ser beneficioso, en general los porcentajes de impuestos son menores si los presentamos en forma conjunta.

En Estados Unidos se basan en un sistema progresivo, es decir, a más ingresos, mayores tasas.

Las deducciones fiscales te permiten restar ciertos gastos de tus ingresos antes de calcular tus impuestos, bajando así tu ingreso imponible y, por ende, tu carga fiscal.

Antes de aplicar los porcentajes de impuestos, se pueden reducir el monto que vamos a pagar utilizando ciertos elementos, tales como carga familiar, gastos médicos, etc. También hay una deducción con un monto fijo que se puede aplicar. Al revisar los montos aplicables, los comparamos con el deducible estándar y se puede usar el mayor.

Tienes dos opciones: la deducción estándar y la detallada. *Deducción Estándar:* Es un monto fijo que puedes restar directamente, sin detallar gastos. Es ideal si tus gastos deducibles no son significativos o si superan las deducciones detalladas. Para 2023, es de $13,950 para solteros y $27,900 para casados que declaran juntos, ajustándose anualmente por inflación.

Los contribuyentes mayores de 65 años pueden reclamar una deducción adicional, este monto también cambia de acuerdo con el estado civil con que se llena el documento de impuestos. En 2024, los solteros mayores de 65 años pueden reclamar $1,950, mientras que los casados tienen derecho a $1,550 adicional por cada cónyuge mayor de 65 años.

Deducción Detallada: Requiere listar gastos específicos deducibles, como hipotecas o donaciones. Si estos superan la deducción estándar, optar por esta vía puede reducir más tu carga fiscal.

En mi caso, solo cuando mi madre estaba muy enferma, los costos médicos, de medicina y de las personas que estaban a su cuidado superaron mi deducción estándar.

Cada año, antes del 15 de abril, toca hacer la declaración de impuestos, donde puedes ajustar cuánto debes pagar aprovechando deducciones y créditos que calcen con tu situación.

Seguridad Social y Medicare
Las contribuciones a estos servicios son obligatorias y representan un tipo adicional de impuestos.

En Estados Unidos, *cuando trabajas para una empresa*, un 6.2% de tu salario bruto se destina al Seguro Social. Lo interesante es que tu empleador también aporta otro 6.2%, sumando entre ambos un 12.4% de tu salario bruto al fondo del Seguro Social. Es clave recordar que, desde 2023, existe un límite máximo de ingresos que pueden ser sujetos a esta contribución.

Otro aspecto vital es asegurarse de tener cobertura médica al alcanzar los 65 años. En Estados Unidos, tanto empleados como empleadores contribuyen al Medicare, que es esencial para la atención médica en la vejez. Cada uno aporta el 1.45% del salario bruto, alcanzando un total del 2.9% que financia Medicare, un programa crucial para personas mayores y algunas personas con discapacidades.

Si eres empleado por tu cuenta, el impuesto aplica de igual manera, solo que como no tienes empleador, debe pagar lo que se conoce como "Impuesto al empleado por su cuenta" que es para pagar tu aporte al seguro social y a MEDICARE.
Te corresponderá cubrir el 12.4% para el Seguro Social y el 2.9% para Medicare, asegurando así tu acceso a estos servicios esenciales en el futuro. Esto es llamado Impuesto al Autoempleo (Impuesto al Autoempleo).

Si tenemos *ingresos provenientes de una renta*, se pueden deducir los gastos relacionados a la renta de la propiedad, tales como reparaciones menores, gastos administrativos, préstamos, seguros.

Es importante tener claro que, para efectos del plan de retiro, nuestros "Ingreso por alquiler de inversión" es lo que cobramos, menos estos costos que tenemos directamente.

Sin embargo, a fines impositivos, se agregan otros factores, tales como la *depreciación de la propiedad*, los cuales hacen que el "Monto imponible" sea mucho menor y por ende el pago correspondiente de impuestos.

La depreciación de una propiedad

La depreciación de un bien inmueble se refiere a la reducción gradual del valor de una propiedad a lo largo del tiempo debido al uso, desgaste, y obsolescencia. En términos contables y fiscales, esta depreciación se calcula para distribuir el costo de la propiedad, excluyendo el valor del terreno, a lo largo de su vida útil estimada, permitiendo a los propietarios deducir este gasto en sus declaraciones de impuestos.

Al vender un bien inmueble, la depreciación acumulada reduce la base imponible de la propiedad, lo que puede aumentar la ganancia de capital sujeta a impuestos derivada de la venta. Esencialmente, pagas impuestos sobre la diferencia entre el precio de venta y la base ajustada, que es el costo original menos la depreciación más las mejoras que le hayas hecho a la propiedad Si la venta resulta en una ganancia, esta podría estar sujeta a impuestos sobre ganancias de capital.

Si la propiedad es nuestra vivienda principal, la legislación prevé un monto significativamente más alto como excepción de impuestos (aproximadamente $250,000 por contribuyente o $500,000 si es una pareja.

Si alquilas tu vivienda principal por un tiempo o deduces parte de tus costos como oficina para trabajar desde casa, esta excepción tiene un trato especial, consulta con un contador si es tu caso.

Mantenerse al día con el fisco y consultar a un experto para maximizar ahorros y minimizar lo que pagas es clave, siempre dentro del marco de la ley fiscal vigente.

Seguridad Social

Es muy importante estimar cuánto dinero recibirás del seguro social, este monto usualmente varía dependiendo de cuanto has contribuido y a qué edad comienzas a tomarlo.

Contribuir con el 12.5% de nuestro ingreso al Seguro Social es solo el comienzo. Hay varios aspectos clave a considerar sobre cómo este aporte influye en lo que recibiremos más adelante:

- *Años de Contribución*: Se calcula en base a tus 35 mejores años de aporte. Si contribuiste menos años, el cálculo se ajustará a 35 años, asignando cero a cada año que no contribuiste, lo que podría reducir el monto final.
- *Monto Contribuido Anualmente*: Existe un límite máximo de contribución, pero no todos alcanzan ese tope. Cuanto más contribuyas, mayor será el beneficio al retirarte.
- *Edad de Inicio*: La edad a la que decides comenzar a recibir el Seguro Social afecta directamente el monto. La "edad de jubilación plena" varía según tu año de nacimiento; en mi caso, sería a los 67 años y 8 meses, lo que me daría derecho al 100% del beneficio estimado.
  Comenzar a los 62 años reduce el monto entre un 25%-30%, hay otras restricciones que es bueno considerar.
  Posponer el seguro social hasta los 70 años puede aumentar el beneficio hasta un 24% más.
- *Límites:* Si comienzas a recibir beneficios del Seguro Social en tu edad de jubilación completa, hay un monto máximo de beneficios, en 2023 es de aproximadamente $3,345 por mes. Sin embargo, este monto puede variar de un año a otro.

Si aplicas a los 62 años, y aun trabajas mientras recibes beneficios antes de alcanzar la Edad de Jubilación Completa (FRA), tus beneficios podrían reducirse si superas cierto límite de ingresos. Sin embargo, una vez que llegues a la FRA, podrás ganar sin límites sin afectar tus beneficios. Además, los ajustes en el valor de tus aportes por parte de la administración del Seguro Social son factores clave que influirán en tus beneficios y los de tu pareja durante la jubilación.

Después de alcanzar la FRA, no hay límite de ingresos y tus beneficios no se reducen, sin importar cuánto ganes.

En mi análisis personal, comparé recibir mi seguro social a los 67 años frente a empezar a los 70 años, cuando me podrían pagar mucho más. Los resultados mostraron que, hasta aproximadamente los 82 años, la cantidad total recibida sería prácticamente la misma. Es decir, solo después de los 82 años comenzaría a beneficiarme financieramente de haber pospuesto el seguro social hasta los 70 años.

Tu decisión final dependerá de tu criterio de cuán pronto necesites acceder a esos fondos o cuanto esperas vivir. Si te encuentras en una situación donde el dinero es necesario de inmediato, podrías considerar comenzar a recibirlo a los 62, 67, o esperar hasta los 70 años.

Como ves la edad a la cual tomar el seguro social es una decisión importante que luego no puede ser cambiada.

Es importante saber que aún puedes contribuir al sistema y potencialmente aumentar tus beneficios de Seguridad Social si trabajas y pagas impuestos después de jubilarte.

El Seguro Social y la Pareja

La Administración del Seguro Social (SSA). brinda beneficios a los cónyuges de quienes reciben jubilación o beneficios por discapacidad, ofreciendo un soporte financiero.

A continuación, un resumen de lo que necesitas saber:

- *Elegibilidad:* Los cónyuges elegibles deben tener al menos 62 años, o estar cuidando a un hijo menor de 16 años o discapacitado del beneficiario. Debes estar casado con el beneficiario de Seguro Social y haberlo estado por al menos un año.
- *Monto de los Beneficios:* Puedes recibir hasta el 50% del beneficio de jubilación del trabajador a su plena edad de jubilación (FRA), siempre que esperes hasta tu propia FRA para comenzar a recibirlos. Comenzar antes reduce el monto.
- *Limitaciones:* No se pueden recibir beneficios completos de cónyuge y propios al mismo tiempo; se aplica el mayor de los dos. Solicitar antes de tu FRA reduce permanentemente tus beneficios. Además, existe un límite en la cantidad total que una familia puede recibir.

Consideraciones Adicionales: Los excónyuges pueden tener derecho a beneficios si el matrimonio duró al menos 10 años. Los beneficios pueden estar sujetos a impuestos.

Beneficio por supervivencia del Seguro Social

Este tema lo recordare en el capítulo "Afrontando la soledad y los cambios en la pareja".

El Seguro Social ofrece beneficios a los familiares de un trabajador fallecido, ayudando a compensar la pérdida de ingresos. Los beneficiarios pueden incluir viudas/os, hijos, y padres dependientes, con requisitos específicos para cada grupo.

- Viudas/os pueden recibir beneficios desde los 60 años (o 50 si están discapacitados), y a cualquier edad si cuidan de un hijo menor de 16 años o discapacitado.
- Hijos son elegibles hasta los 18 años (o 19 si están en secundaria), y los discapacitados desde cualquier edad si la discapacidad comenzó antes de los 22.
- Padres dependientes mayores de 62 años también pueden calificar si dependían económicamente del fallecido.

El monto de los beneficios varía, pudiendo llegar hasta el 100% del beneficio del trabajador fallecido para viudas/os a su plena edad de jubilación. Existe un límite familiar en la cantidad total que se puede recibir, basado en el registro de ganancias del fallecido.

Cómo Solicitar: Contacta a la Administración del Seguro Social con la documentación necesaria, como certificados de defunción y matrimonio. Es crucial actuar rápidamente para iniciar los beneficios lo antes posible.

Las reglas del Seguro Social son complejas y varían según cada situación. Para asesoramiento específico, contacta a la SSA o a un asesor financiero.

MEDICARE

"Medicare" es el seguro de salud del gobierno para mayores de 65 años, ciertas personas con discapacidades y aquellos con enfermedad renal terminal. Los costos varían según la cobertura y el ingreso del beneficiario, especialmente para las Partes B y D.

Parte B (Seguro Médico): Cubre servicios necesarios y preventivos. La prima mensual estándar en 2023 es de unos $164.90, con un deducible anual de $226. Quienes tienen ingresos más altos pueden pagar más a través del Ajuste de Cantidad por Ingresos Relacionados a Medicare (IRMAA).

Parte D (Medicamentos Recetados): Ofrecida por planes privados, con costos que incluyen primas, deducibles y copagos. El deducible máximo en 2023 es de $505. El IRMAA también aplica, aumentando la prima mensual para quienes tienen ingresos más altos.

¿Qué es el IRMAA?
El IRMAA (Income-Related Monthly Adjustment Amount) es un cargo extra para beneficiarios de Medicare Parte B y D con ingresos altos, ajustando el costo de su cobertura según su capacidad económica.

El IRMAA se calcula según tu ingreso bruto ajustado modificado de hace dos años, sujeto a umbrales que varían cada año. Factores como el RMD o la venta de propiedades pueden incrementarlo.

Caso personal
Aprendí por sorpresa que el costo de MEDICARE, que creía fijo, varía según el ingreso. Tras vender una propiedad, mi alegría por pagar solo $164.9 por el seguro de ambos se esfumó cuando, por ese ingreso extra, nuestro costo de Medicare saltó a más de $500 por persona, revelado por una carta que indicaba que este ajuste duraría hasta la próxima actualización fiscal.

Para dar más claridad hice esta tabla con los niveles de ingreso vs. Costo de MEDICARE:

MAGI Individual (2022)	MAGI Conjunto (2022)	Prima Mensual de la Parte B (2024)	IRMAA de la Parte D (2024)
Hasta $103,000	Hasta $206,000	$174.70	$0.00 (Su prima de plan)
$103,001 - $129,000	$206,001 - $258,000	$244.60 ($174.70 + $69.90)	$12.90
$129,001 - $161,000	$258,001 - $322,000	$349.40 ($174.70 + $174.70)	$33.30
$161,001 - $193,000	$322,001 - $386,000	$454.20 ($174.70 + $279.50)	$53.80
$193,001 - $499,999	$386,001 - $749,999	$559.00 ($174.70 + $384.30)	$74.20
$500,000 o más	$750,000 o más	$594.00 ($174.70 + $419.30)	$81.00

Mantente informado sobre los cambios en Medicare y cómo tu ingreso afecta los costos. La Administración del Seguro Social notificará a quienes deban pagar IRMAA, basándose en los datos del IRS.

En el camino hacia una jubilación segura y confortable, explorar todas las opciones financieras disponibles es esencial. Dos herramientas que merecen atención especial por su potencial para complementar nuestros ingresos durante estos años dorados son *la hipoteca inversa y las anualidades*. Ambas ofrecen maneras innovadoras de asegurar un flujo constante de ingresos, pero es crucial entender bien sus características y consideraciones para determinar si se alinean con nuestras necesidades y objetivos personales.

En lo personal no he tenido experiencia alguna con ninguna de estas dos opciones, sin embargo es importante conocer de que se trata cada una

Las anualidades pueden ser interesantes, ya que podrían garantizar un pago constante en el tiempo.

El Hipoteca inversa es una opción a personas que no hayan

invertido mucho para su retiro y tengan su vivienda principal pagada.

La Hipoteca Invertida (Reverse Mortgage)

Un "reverse mortgage", o hipoteca inversa, permite a propietarios mayores de 62 años convertir parte del valor de su vivienda en efectivo sin venderla ni asumir nuevos pagos. Este préstamo se paga al propietario por el prestamista, y no se debe hasta que el propietario fallezca, venda la casa o deje de usarla como residencia principal. Es útil para obtener ingresos en la jubilación, pero conlleva costos elevados y reduce el patrimonio a dejar a herederos.

Los requisitos incluyen tener al menos 62 años, poseer la vivienda y tener suficiente equidad en ella. Para parejas, ambos deben ser co-prestatarios para evitar el pago del préstamo al fallecer uno, protegiendo así al sobreviviente de perder la vivienda. Es importante entender bien los términos y considerar el impacto a largo plazo antes de proceder. Con la información y la hoja de cálculo que te brindará la claridad necesaria para determinar cuándo podrás alcanzar tus objetivos de ahorro y si tus planes de retiro son realistas.

Anualidades o "Annuitis"

Las anualidades destacan por su capacidad de ofrecer un ingreso garantizado en la jubilación, esencial para quienes temen agotar sus ahorros. Permiten un crecimiento con diferimiento fiscal. Existen diversas estructuras de anualidades, con opciones de pagos de por vida o por un tiempo limitado, y algunas incluyen beneficios adicionales como protección por fallecimiento o para cuidados a largo plazo.

No obstante, las anualidades conllevan riesgos, como altos costos en comisiones de venta, cargos administrativos y penalizaciones por retiro anticipado que pueden mermar la rentabilidad. Su complejidad puede dificultar la comprensión total por parte de los consumidores. La fiabilidad de los pagos depende de la solidez financiera de la aseguradora, representando un riesgo en caso de dificultades económicas de la empresa. Algunas anualidades pueden rendir menos en comparación con otras inversiones, especialmente tras considerar los costos y la inflación, y suelen presentar limitaciones en cuanto a la disponibilidad de los fondos sin penalizaciones.

Con la información de este Apéndice y la hoja de cálculo. Tendrás la claridad necesaria para determinar cuándo podrás alcanzar tus objetivos de ahorro y si tus planes de retiro son realistas.

Te invito que vayas al "Apéndice B ", bajes tus hojas y revises los ejemplos.

Apéndice B
Creando tu Plan de Retiro

En este momento, ya debes haber leído el capítulo "Plan de Retiro, Planificación Financiera y Emprendimiento", y el "Apéndice A - Planificación Financiera en Estados Unidos".
A continuación, usaremos dos hoja de cálculo para facilitar el entendimiento de cómo crear tu propio Plan de Retiro.
También usaremos en los ejemplos personajes ficticios para ilustrar su Plan de Retiro.

Primero hablaremos de Roberto y Maria (Página 176), para revisar la hoja del *Plan de Retiro simplificado*, luego veremos el plan de John y Mary (Página en la página 187), con la hoja de "*Plan de Retiro Detallado*", esta incorpora varios elementos legales, fiscales y se seguridad social y medica de Estados Unidos.

Si aún no tienes un plan de retiro, te animo a dedicar unas horas a crear tu plan de retiro.
Puedes obtener sin costo alguno, las hojas a las cuales hago referencia en este capítulo, enviando un email a:
moreyearsbetterlife@gmail.com
Poniendo en el sujeto (o Subject): **Plan de Retiro**, recibirás de vuelta un enlace, para bajar las hojas y futuras actualizaciones tanto de las hojas como del libro.
Durante la explicación, haremos referencia a las hojas que bajes.

Te recuerdo que no soy un experto en finanzas, las hojas aquí compartidas es solo una herramienta preliminar para ayudarte a empezar tu plan. La hoja no da NINGUNA garantía de que tendrás el resultado esperado. Lo aquí sugerido no es una recomendación financiera. Revisa tu Plan con n experto en Finanzas.

Como trabaja la Hoja para el cálculo del plan de Retiro:
Para elaborar tu plan de retiro, necesitarás definir ciertos parámetros que, una vez ingresados en la hoja, te mostrarán tu "Flujo de Caja" proyectado a lo largo de toda tu vida.

En la pestaña *"Plan de Retiro"*, a excepción de una columna, podrás tener un plan de retiro inicial, con solo llenar los datos del *"Panel de Control"*, La pestaña de PLAN DE RETIRO, se alimentará automáticamente de este "Panel de Control".

El plan de Roberto y Maria -Plan de retiro Simplificado
Usaremos la Hoja "Plan de Retiro V5".
Explicaré las principales "columnas" de la hoja y trataré de guiarte paso a paso sobre la hoja de Roberto y Maria.

Para lograr resultados rápidos, y facilitar la explicación debemos hacer algunas simplificaciones.

Ellos tienen la misma edad y ganan el mismo salario.
A la pareja aún le faltan 5 años para llegar a su objetivo de retiro, ya han reunido $380,043 en su cuenta de retiro con impuestos diferidos, siguen ahorrando, pero ellos quieren verificar si pueden retirarse a los 65.

Veras que llenando muy pocos datos podrás tener una visión general preliminar que te ayudará a definir estrategias y te veras motivado a buscar la información adicional para tener un resultado más preciso con la segunda hoja.

Pestaña de "Ingresos Mensuales"

Sus ingresos están compuestos de su salario mensual de $3,558 o $42,696 / Año, tienen una propiedad para alquiler, la cual, luego de pagar los gastos de administración, mantenimiento, impuestos, etc., les genera $1,323/mes o $15,875 al año.

De su salario, aportan el 2.5% a su Cuenta de retiro.

En estos últimos 5 años, ellos están dispuestos a agregar el excedente de sus ingresos luego de pagar sus obligaciones a su cuenta de ahorros para el retiro.

Ingresos Mensuales	Ene	Feb	Mar	...	Oct	Nov	Dic	Total
Salarios Roberto	3,558	3,558	3,558	...	3,558	3,558	3,558	42,696
Salarios Maria	3,558	3,558	3,558	...	3,558	3,558	3,558	42,696
Renta (neto)	1,323	1,323	1,323	...	1,323	1,323	1,323	15,875
Otros ingresos		0	0	...	0	0	0	0
Ahorro Cuenta de Retiro	-178	-178	-178	...	-178	-178	-178	-2,135
Total, Ingresos por mes	8,439	8,439	8,439	...	8,439	8,439	8,439	99,132

Pestaña de gastos Mensuales (Página 175)

Esta hoja nos permitirá visualizar el detalle mensual y llevar un registro de los gastos del año, luego totalizamos por mes y por concepto de gasto.

En la esquina inferior derecha, estará el gasto total del año.

El registro de gastos es de vital importancia para el análisis, si tienes la información para poder hacer varios años es aún mejor, ya que entonces tendrás una mejor visión de cuanto gastas (o necesitas) para vivir.

Los gastos del año es lo primero que te piden los analistas de finanzas al hacer un plan.

Roberto y Maria llevan un registro detallado de sus gastos.

Observa la hoja con el nivel de detalle que ellos han utilizado. En las columnas subsiguientes, ponemos los meses del año, y el total por cada concepto de gastos del año.

Para nuestro ejemplo, el gasto anual es de $58,044. Inicialmente asumiremos que no habrá una reducción en nuestros gastos a lo largo de los años, luego podemos hacerlo con más precisión.

La inflación acumulada tendrá un efecto muy grande en los gastos luego de 20 o 30 años. Igualmente esperamos que nuestros ingresos también aumenten a lo largo del tiempo.

"Gastos Personales Mensual"

Costos de Vida Mensuales	Ene	Feb	Mar	...	Oct	Nov	Dec	Total
Gasolina	17	17	17	...	17	17	17	200
Seguro de Autos	91	91	91	...	91	91	91	1,089
Automotive	107	107	107	...	107	107	107	1,289
Asociación de Vecinos	92	92	92	...	92	92	92	1,100
Mejoras al hogar	67	67	67	...	67	67	67	800
Seguro de Casa	158	158	158	...	158	158	158	1,900
Mantenimiento de casa	113	113	113	...	113	113	113	1,356
Jardineros	28	28	28	...	28	28	28	336
Otros seguros	150	150	150	...	150	150	150	1,800
Limpieza de casa	100	100	100	...	100	100	100	1,200
Renta mensual casa	759	759	759	...	759	759	759	9,108
Vivienda	1,682	1,682	1,682	...	1,682	1,682	1,682	20,178
Electricidad	250	250	250	...	250	250	250	3,000
Agua	63	63	63	...	63	63	63	756
Servicio públicos	313	313	313	...	313	313	313	3,756
Regalos	50	50	50	...	50	50	50	600
Donaciones	7	7	7	...	7	7	7	80
Donaciones Caritativas	57	57	57	...	57	57	57	680
Ropa y Zapatos	70	70	70	...	70	70	70	836
Netflix	7	7	7	...	7	7	7	88
iTunes	3	3	3	...	3	3	3	36
Spotify	5	5	5	...	5	5	5	60
Google Drive	0	0	0	...	0	0	0	0
Internet	28	28	28	...	28	28	28	336
Gastos teléfono	190	190	190	...	190	190	190	2,280
Google Storage	3	3	3	...	3	3	3	33
YouTube	7	7	7	...	7	7	7	80
Entretenimiento	243	243	243	...	243	243	243	2,913
Alimentos	433	433	433	...	433	433	433	5,200
Restaurantes	233	233	233	...	233	233	233	2,800
Total, Comida	667	667	667	...	667	667	667	8,000
Mercancía en general	433	433	433	...	433	433	433	5,200
	0	0	0	...	0	0	0	0
Plan Cementerio	19	19	19	...	19	19	19	224
Costo mascotas	40	40	40	...	40	40	40	483
Otros gastos menores	33	33	33	...	33	33	33	400
OTROS GASTOS	526	526	526	...	526	526	526	6,307
Seguro de Vida / MEDICARE	0	0	0	...	0	0	0	0
Asistencia a la salud de largo plazo	0	0	0	...	0	0	0	0
Gastos de Cuidado Personal y médicos	431	431	431	...	431	431	431	5,170
Costos de Medicina y Salud	431	431	431	...	431	431	431	5,170
Viajes	500	500	500	...	500	500	500	6,000
Gastos totales del mes.	4,837	4,837	4,837	...	4,837	4,837	4,837	58,044

Debajo de cada concepto van los diferentes gastos y debajo de cada mes el monto correspondiente a ese mes o su proyección.

Plan de Retiro de Roberto y Maria.

Con la información que ya reuniste, tienes lo necesario para poder tener una visión preliminar de tus ingresos actuales y futuros, así como los gastos y ahorros que necesitas para vivir hasta los 85 años o más si así prefieres.

En la pestaña de *"Plan de retiro"*, procedamos a poner en práctica lo dicho y veamos los datos de Roberto y Maria.
Lo primero es llenar el "Panel de Control" (Página 177) que alimentará el resto de la hoja.

Se incluyen los parámetros anteriormente indicados, información sobre sus expectativas de vida y edad a la cual a retirarse y tomar el seguro Social.
El retiro empieza a los 65 años y asumimos que el fin de vida de Roberto es 85 años y el de María 90 Años.

Hasta esta edad deberían alcanzar sus ahorros.
Sin embargo es conveniente seguir el análisis hasta la edad alternativa de expectativa de vida (Algunos años adicionales), de esta forma vemos el impacto si logramos vivir más años.
También es muy importante estimar los porcentajes de crecimiento de cada uno de estos datos.

Para rapidez de los resultados, la hoja pone los gastos anuales al inicio de la columna y los repite en años subsiguientes, aquí es donde la hoja incrementa los gastos año a año de acuerdo con la inflación (3.5% en nuestro ejemplo), luego podremos hacer ajustes a los gastos de cada año con más precisión.

Como verás, para llenar la hoja de "Plan de Retiro", de manera Rápida, Necesitas muy poca información.

Panel de Control – Plan de Retiro

Fecha Inicial Simulación	**2023**	
Nombre 1	Roberto	
Nombre 2	Maria	
	Roberto	**Maria**
Edad comienzo	60	60
Edad de Retiro	65	65
Expectativa de Vida	85	90
Expectativa de V. Alterna	90	96
Inicio Seguro Social	66	67

	Amount	**Growth/yr.**
Gastos Primer Año	($58,044)	3.5%
Seguro Social Roberto	$1,500	3.5%
Seguro Social Maria	$1,553	3.5%
Ingreso Renta 1er Año	$15,875	2.0%
Salario Roberto	$42,696	1.9%
Salario Maria	$42,696	

Inflación	3.5%	/yr.
% Aportes a cta. Impuestos Diferidos (401)	2.50%	/Yr.

	Amount	**Distribution de Retiros**	**Cap gain%**
Activos Gravables	$0	25%	4.8%
Activos con impuestos diferidos	$380,043	75%	4.8%

En el Panel de Control: En "Activos con Impuestos Diferidos" está el monto que llevan ahorrado de: $380,043.

La cifra de "Porcentaje de incremento de Ganancia de capitalización" (Capital gain) de 4.8% en este caso, es lo que esperan crezcan sus ahorros en promedio a lo largo de los años.

Como ves se va a retirar el 75.5% de dinero necesario de la cuenta "Activos con Impuestos Diferidos" y el otro 24.5% de la cuenta "Activos Gravables", esta información se encuentra debajo de la columna "Distribución de Retiros". Posteriormente explicare como se llega a esta distribución.

Seguimos llenando la UNICA Columna que se debe llenar manualmente: Otros Ingresos / gastos"

Roberto y Maria, están usando la hoja 5 años antes del retiro, en esta columna, están los ingresos generados esos años, tomados de la "hoja de ingresos", Página 173173.
Manualmente ingresamos, el salario de Roberto más el de Maria ($85,392). En la hoja, está considerada una apreciación del salario anual del 1.9%. En el libro está marcado con un óvalo.
Estos ingresos se repiten hasta la edad de retiro (año 2027 en el ejemplo).

Explicando la pestaña de "Plan de Retiro"
Ya vimos como llenar la ventana de "Panel de Control" y la de "Otros Ingresos / gastos".
Para facilitar la explicación, dividiremos la hoja de "Plan de retiro" en dos secciones, la parte izquierda de la hoja, y la parte derecha de la hoja. Hay una clara separación con una columna gris entre ambas zonas.

Parte izquierda de la hoja (Página 181)
Los datos en "Panel de Control", llenan automáticamente las columnas de la hoja.

En las primeras columnas tenemos los años, y las edades de cada persona de la pareja.

La hoja de "Plan de Retiro", la podemos iniciar a cualquier edad, en este ejemplo, la hicimos a partir de los 60 años de Roberto y Maria, cuando aún están aportando a su plan de retiro.

La letras a lado de la edad tienen un significado:
La letra "R" al lado de la edad indica que a esa edad comenzará el retiro, la letra "S" significa "Comienzo del seguro Social", la letra "E" significa "End of Life" o fin de vida, es la fecha en que asumimos se cumple la expectativa de vida de cada persona.
La letra "A" es para la fecha de "Fin de Vida Alternativo" o "Alternative End of Life".

Luego tenemos la columna con los gastos necesarios para cubrir nuestros costo de vida o "Gasto Anual".
La hoja pone los gastos anuales al inicio de la columna y los repite en años subsiguientes, aquí es donde la hoja incrementa los gastos año a año de acuerdo con la inflación (3.5% en nuestro ejemplo).

Fíjate que los gastos de $58,044 en el año 2023, serían $200,267 en el año 2059, por efecto de la inflación.

Las Columnas de Seguro Social de Roberto y Maria, empiezan en la fecha indicada y continúan hasta el Fin de Vida Alternativa de cada uno.

Si tenemos alguna propiedad de inversión, u otro negocio que genere ingresos aparecerá en la columna "Ingreso por alquiler de inversión". Este monto debe ser el monto neto, luego de pagar los impuestos y costos asociados a esa inversión.

Siguen los Ingresos por salario de ambos que introdujimos manualmente.
Si tienes gastos puntuales en ciertos años, la columna de "Otros Ingresos / Gastos", podrá ser utilizada.
Esta columna nos da la flexibilidad de agregar información no considerada como regular.

La columna "Aportes a cta. Impuestos Diferidos", está el monto anual que descuentas de tu salario para aportar a la cuenta de impuestos diferidos, este monto sólo aparecerá si estás en una edad anterior a la de retiro.
Si deseas que este monto sea cero, escribe cero en la hoja de control, en donde dice % Aportes a cta. Impuestos Diferidos. El aporte mensual a la cuenta de retiro se va acumulando a dicha cuenta.

Al final veremos, los "Impuesto a ingresos".
Es necesario adaptar las fórmulas de impuestos a las normativas fiscales de tu país. En este ejemplo, se usa la tabla de Estados Unidos, pero puedes ajustarla según la tasa aplicable en tu situación.

Con esto terminamos la descripción de las columnas en la parte izquierda de la hoja.

Parte Izquierda de la Hoja:

Año	Edad Roberto		Edad Maria		Gasto Anual	Seg. Social Roberto	Seg. Social Maria	Ingreso por alquiler de inversion	Otros Ingresos / Gastos	Ahorros a cta. Activos Impuestos Diferidos	Impuesto a ingresos
2023	60		60		-58,044			15,875	85,392	2,135	-12,894
2024	61		61		-60,076			16,193	87,014	2,135	-13,321
2025	62		62		-62,178			16,516	88,668	2,135	-13,755
2026	63		63		-64,354			16,847	90,352	2,135	-14,199
2027	64		64		-66,607			17,184	92,069	2,135	-14,651
2028	65	R	65	R	-68,938			17,527		0	-1,753
2029	66	S	66		-71,351	18,000		17,878		0	-3,865
2030	67		67	S	-73,848	18,630	18,630	18,235		0	-6,219
2031	68		68		-76,433	19,282	19,282	18,600		0	-6,420
2032	69		69		-79,108	19,957	19,957	18,972		0	-6,626
2033	70		70		-81,877	20,655	20,655	19,352		0	-6,839
2034	71		71		-84,742	21,378	21,378	19,739		0	-7,059
2035	72		72		-87,708	22,127	22,127	20,133		0	-7,286
2036	73		73		-90,778	22,901	22,901	20,536		0	-7,521
2037	74		74		-93,956	23,703	23,703	20,947		0	-7,762
2038	75		75		-97,244	24,532	24,532	21,366		0	-8,012
2039	76		76		-100,647	25,391	25,391	21,793		0	-8,269
2040	77		77		-104,170	26,279	26,279	22,229		0	-8,535
2041	78		78		-107,816	27,199	27,199	22,673		0	-8,809
2042	79		79		-111,590	28,151	28,151	23,127		0	-9,092
2043	80		80		-115,495	29,137	29,137	23,589		0	-9,383
2044	81		81		-119,538	30,156	30,156	24,061		0	-9,685
2045	82		82		-123,721	31,212	31,212	24,542		0	-9,996
2046	83		83		-128,052	32,304	32,304	25,033		0	-10,336
2047	84		84		-132,534	33,435	33,435	25,534		0	-10,944
2048	85	E	85		-137,172	34,605	34,605	26,045		0	-11,571
2049	86		86		-141,973	35,816	35,816	26,566		0	-12,219
2050	87		87		-146,942	37,070	37,070	27,097		0	-12,887
2051	88		88		-152,085	38,367	38,367	27,639		0	-13,577
2052	89		89		-157,408	39,710	39,710	28,192		0	-14,290
2053	90	A	90	E	-162,918	41,100	41,100	28,755		0	-15,025
2054			91		-168,620		42,538	29,330		0	-8,184
2055			92		-174,521		44,027	29,917		0	-8,433
2056			93		-180,630		45,568	30,515		0	-8,690
2057			94		-186,952		47,163	31,126		0	-8,955
2058			95		-193,495		48,814	31,748		0	-9,227
2059			96	A	-200,267		50,522	32,383		0	-9,509
Total					-4,263,789	701,097	961,730	857,794	443,496	10,674	-355,797

Parte Derecha de la Hoja (página 184)

En el lado derecho de la hoja, la Columna "Escasez / Ahorros", es la diferencia entre los ingresos y los gastos de vida (incluye impuestos), al ser positivo, ese dinero va a la cuenta de ahorro, si es negativo, significa que debemos suplir ese monto por nuestros ahorros.

En los primeros 5 años de Roberto y Maria, mientras trabajan, el monto de "Escasez / Ahorros" es positivo, ya que queda un remanente para ahorrar luego de restar del salario los gastos mensuales e impuestos. Este monto se sumará también a su fondo Activos Gravables.

Luego al comenzar la edad de retiro (65 años), esta columna sólo refleja el monto que hace falta para cubrir los gastos anuales, menos los ingresos indicados en la parte izquierda de la hoja.

La hoja considera que tus ahorros o activos están separados en dos partes, de acuerdo con la política de gravamen de impuesto: Los "Activos con impuestos diferidos" son los activos o ahorros, cuyo impuestos será aplicado al monto sustraído al momento de retirarlos.

Los "Activos Gravables", El impuesto se aplica SÓLO a las ganancias de este activo o ahorro. Por ejemplo, un ahorro en un banco o una cuenta de acciones sería de este tipo.
Por lo tanto en la hoja de cálculo, cuando aparece el monto retirado, este monto incluye también el pago de los impuestos que apliquen al tipo de activo.

Observa que, en el año 2028, aunque el monto en escasez es de $53,164, el monto a sustraer de nuestro ahorro es de $58,306, debido a que debemos cubrir los impuestos al retiro de activos con impuestos diferidos y a las ganancias del ahorro gravable.

Retiro / Activos con impuestos diferidos
Esta columna tiene el monto de dinero retirado de la cuenta correspondiente más el pago de impuestos a este capital retirado.

Activos con Impuestos diferidos
Contiene el saldo de nuestros activos o ahorros en la cuenta, una vez retirado el monto correspondiente. A este monto se agrega las ganancias de acuerdo con el *"Cap. gain"* indicado en la hoja de Control.
A este monto también se le agrega la contribución al seguro Social, de acuerdo con el % del salario indicado en "Panel de Control"

Retiro Activos Gravables
Es el monto de dinero retirado de la cuenta de "Activos Gravables".
A este monto se le aplican los impuestos SOLO a la ganancia de esta cuenta de acuerdo con el *"Cap. gain%"* indicado en la hoja de Control.

Activos Gravables
Contiene el saldo de nuestros activos o ahorros en la cuenta de activos gravables, una vez retirado el monto correspondiente. A este monto se agrega las ganancias de acuerdo con el *"Cap. gain%"* indicado en la "Panel de Control".

Parte derecha de la Hoja:
Se le agrego años y edades, para facilitar la explicación.

Año	Edad Roberto		Edad Maria		Escasez / Ahorros	Retiro / Activos con impuestos diferidos	Activos con Impuestos Diferidos Yend	Retiro Activos Gravables	Activos Gravables Yend
2023	60		60		30,329	0	400,420		30,329
2024	61		61		29,811	0	419,640		61,450
2025	62		62		29,250	0	439,783		93,355
2026	63		63		28,646	0	460,892		126,034
2027	64		64		27,995	0	483,015		159,474
2028	65	R	65	R	-53,164	-44,515	461,685	-13,791	152,573
2029	66	S	66		-39,338	-32,825	451,021	-10,370	148,794
2030	67		67	S	-24,572	-20,407	452,263	-6,734	148,487
2031	68		68		-25,688	-21,334	452,637	-7,006	147,896
2032	69		69		-26,848	-22,298	452,066	-7,288	146,997
2033	70		70		-28,054	-23,299	450,467	-7,579	145,768
2034	71		71		-29,307	-24,342	447,747	-7,880	144,186
2035	72		72		-30,608	-25,442	443,797	-8,191	142,223
2036	73		73		-31,961	-26,586	438,513	-8,513	139,854
2037	74		74		-33,366	-27,774	431,787	-8,846	137,050
2038	75		75		-34,826	-29,009	423,505	-9,190	133,781
2039	76		76		-36,342	-30,291	413,542	-9,546	130,014
2040	77		77		-37,917	-31,623	401,770	-9,914	125,717
2041	78		78		-39,553	-33,006	388,049	-10,294	120,854
2042	79		79		-41,252	-34,443	372,232	-10,687	115,388
2043	80		80		-43,016	-35,935	354,165	-11,093	109,280
2044	81		81		-44,849	-37,484	333,681	-11,512	102,488
2045	82		82		-46,751	-39,093	310,604	-11,946	94,970
2046	83		83		-48,746	-40,780	284,733	-12,399	86,674
2047	84		84		-51,074	-42,748	255,653	-12,929	77,489
2048	85	E	85		-53,489	-44,790	223,134	-13,477	67,360
2049	86		86		-55,994	-46,908	186,936	-14,042	56,228
2050	87		87		-58,593	-49,106	146,803	-14,625	44,032
2051	88		88		-61,289	-51,386	102,463	-15,227	30,707
2052	89		89		-64,086	-53,751	53,630	-15,849	16,185
2053	90	A	90	E	-66,987	-56,205	0	-16,490	395
2054			91		-104,935	-88,293	-88,293	-25,711	-25,299
2055			92		-109,010	-91,739	-184,270	-25,493	-50,792
2056			93		-113,236	-95,312	-288,428	-25,305	-76,097
2057			94		-117,617	-99,017	-401,289	-25,164	-101,261
2058			95		-122,160	-103,137	-523,688	-25,069	-126,330
2059			96	A	-126,870	-107,475	-656,301	-25,019	-151,349
Total					-1,655,468	-1,510,352			

De este análisis preliminar podemos determinar:
Aún es muy prematuro para tener conclusiones definitivas, lo resultados indican que Roberto y Maria si podrían retirarse a los 65 años con los $383,525 que ahorraron durante toda su vida más los aportes adicionales que hicieron los últimos años trabajados.

Como habrás notado, en el año 2048 es el fin de vida de Roberto y aún quedan fondos para Maria. En el año 2053, se acaban los fondos de retiro, esta fecha coincide con el fin de vida de María.

Si Roberto o Maria viven más años de los esperados, ellos piensan vender la propiedad de renta y utilizar ese dinero para cubrir sus gastos adicionales. Ya que no quedarían fondos en las cuentas de retiro.

Todo este proceso, se puede hacer relativamente rápido.
Con este resultado, podrían saber si necesitas ajustar sus ahorros, reducir los gastos o invertir más en *Entretenimiento.*
Recuerda que asumimos que los gastos (a valor presente) del año 2023, cuando ambos tienen 60 años, no cambiarán a través de los años.
En la realidad estos montos por lo general se reducen en el tiempo.

El monto extraído de ambas cuentas de ahorro de activos, es importante ya que si sustraemos demasiado capital al inicio de nuestros años de retiro, no se podrán generar la ganancia de capital necesaria para poder seguir utilizando nuestras cuentas de activos para mantenernos.

Usando cálculos de escenarios en Excel (WHAT-IF), o tanteando con diferentes números, puedes probar cuánto es el mínimo ahorro que necesitas para terminar en cero al final del año 2053 del ejemplo.

El porcentaje de "Distribución al Retiro "en el cuadro donde están las cuentas de ahorro define la contribución de cada cuenta al pago de los gastos durante el retiro. La suma de estos porcentajes TIENE que ser 100%.

Es lógico que al refinar los datos (gastos en el tiempo, ingresos en el tiempo, capacidad de ahorro), tendremos una hoja más cercana a la realidad.

Antes de hacer tu plan, revisa la hoja, asegúrate de que la información presentada tenga sentido para ti.

Aunque hay muchos cálculos preliminares automáticos, estos son una simplificación de la realidad.

Cada caso es único, siéntete libre de reemplazar cualquier dato o fórmula por uno que haga sentido para ti.

Plan de Retiro Detallado

Ahora trabajaremos con la Hoja Detallada "Plan de Retiro V5.97" para diseñar un plan de retiro para aquellos que residen en Estados Unidos.

Este incluye las condiciones, regulaciones y consideraciones fiscales relevantes.

Primero describiré la hoja y luego haremos un ejemplo: El plan de retiro de John y Mary.

Te recuerdo que no soy un experto en finanzas, la hoja aquí compartida es solo una herramienta preliminar para ayudarte a empezar tu plan.

La hoja no da NINGUNA garantía de que tendrás el resultado esperado.

Lo aquí sugerido no es una recomendación financiera.

Debes revisar tu plan con un experto en finanzas.

Por favor leer el "Descargo de responsabilidad" al final del libro.

Esta hoja, está organizada con varias pestañas o "Taps", para facilitar el entendimiento y actualización de datos.

Hay unas *pestañas principales* donde estaremos trabajando y otras *pestañas de Apoyo o tablas*, que contienen los datos que utiliza el modelo, estos datos, podrán ser actualizados año a año según cambia la legislación.

Como ayuda, SOLO las "pestañas" de color azul, contiene información que puede ser actualizada manualmente.

Las "pestañas" color VERDE, tienen información importante pero SOLO para visualizar.

Las de color amarillo, son tablas que contienen datos vitales usados en diferentes cálculos. Estos datos se deben actualizar anualmente con la información que suministra el Social Security, IRS, etc.

Si eres de las personas que quieren saltar de una vez a la hoja sin ver la explicación, pasa a la Página 194.

Aquí una breve descripción de las pestañas de la hoja.

Pestañas Principales:

- **Panel de Control:** Es la hoja donde se introducen TODOS los parámetros que controlan el Plan de Retiro, también tiene un pequeño cuadro, donde podemos ver el resultado final de la simulación.
- **Gastos Personales:** Una buena herramienta para recabar los gastos mensuales a detalle, que luego serán usado como base para construir la hoja de Retiro.
- **Flujo de Dinero:** Aquí se puede apreciar tanto los ingresos, como los gastos que están afectando la hoja.
  Aquí se disponen de algunos campos donde podremos agregar manualmente gastos o ingresos puntuales en cualquier año.
  finalmente indica el Flujo de caja, es decir, la diferencia entre los ingresos y gastos cada año.
- **Cuentas de Ahorro:** Contiene el detalle de retiros, ganancias y saldo de las diferentes cuentas que dispone la Hoja.
- **Gráficos:** Es un resumen grafico del Flujo de Dinero, Gastos, cuentas de ahorro, Ingresos de Seguro Social, es muy útil para identificar oportunidades y riesgos.
- **Resumen general:** Es una tabla resumen del flujo de: Caja, Ingresos, gastos y Cuentas de ahorro.
  Estos datos son usados para generar los Gráficos.

Pestañas de apoyo o tablas:

- **Descargo de Responsabilidad:** Explicación de mi descargo de responsabilidad por la información, hojas y tablas.

- **Social Security:** Contiene la tabla que define las edades a la cual se puede comenzar a usar el seguro social.
- **RMD Table:** Contiene la tabla utilizada por el IRA para el cálculo del "Required Minimum Distributions" (RMD).
- **US TAX BRACKETS:** Contiene varias tablas utilizadas para e cálculo de impuestos, tasa impositivas para el capital y cálculo de la Deducción estándar.
- **Versión:** los cambios hechos a las diferentes versiones de la hoja.

Panel de Control:

El panel de control es el elemento más importante del plan, con solo llenarlo podemos tener un plan de retiro detallado a través de los años.

Luego en la hoja de Flujo de Dinero, podremos agregar, ingresos o gastos excepcionales para afinar más nuestro plan manualmente.

A continuación, explicare cada campo del "Panel de Control" (Página 177), también podrás poner el ratón "Mouse" sobre cada parámetro en la hoja para una explicación resumida de cada campo.

Observa que muchos parámetros tienen a su lado otro número, que es el número que debes escoger de crecimiento anual de ese parámetro.

Si no sabes inicialmente que numero usar, utiliza el "Apéndice C" que tiene los promedios de Estados Unidos en los últimos años como guía.

Descripción de los Parámetros del "Panel de Control"

Información General
Fecha Inicial Simulación (aaaa): Indica el año en que comienza la simulación de tu plan de retiro. Por ejemplo, "2024".

Información Personal
Nombre 1 y Nombre 2: Escribe los nombres de las personas para las cuales se está planificando el retiro, como "John" y "Mary".

Fecha de nacimiento: Fecha de nacimiento de cada persona. Es crucial para calcular la edad de inicio de la simulación y la edad de retiro.

Edad comienzo de simulación: La edad de cada persona al inicio de la simulación. Estos e calcula automáticamente con las fechas de nacimiento y la fecha de simulación.

Edad de Retiro: La edad planeada para dejar de trabajar en forma asalariada. Si luego continúa trabajando por tu cuenta, se pone en otro TAB.

Expectativa de Vida y Alternativa: La edad estimada de fin de vida, basada en cálculos personales o promedios nacionales, y una expectativa alternativa para escenarios con más años.

Inicio Seguro Social: Edad al principio del año en que se comienza a cobrar el seguro social. En estados unidos puede ser entre los 62 y los 70 años, pero deberá ajustar el incremento o reducción del monto correspondientemente.

Finanzas del Retiro

Gastos Primer Año: Estimación de los gastos en el primer año de retiro. Estos gastos se irán proyectado cada año de acuerdo con la inflación. Esta información no esta en color azul, por tanto, NO HAY QUE ESCRIBIR NADA AQUÍ.
Esta información viene del total de la hoja de "Gastos Personales".

Ingreso Renta 1er Año: Ingresos esperados de rentas NETAS, sacando los costos de mantenimiento, seguros e impuestos de propiedades en el primer año de retiro. Este sería el monto que recibirá y depositara en su banco.

Rental Deductions: Porcentaje del ingreso de renta que se puede deducir para propósitos fiscales. Incluye Depreciación acumulada.

Impuestos el primer año, inicio de la Simulación 2024: Estimación de los impuestos a pagar en el primer año de la simulación. Si aun no lo tiene, puede usar el monto del año anterior.

Impuesto sobre bienes inmuebles: Impuesto sobre su vivienda principal.

Deducciones Estándar de Impuestos: Monto estándar deducible en la declaración de impuestos, calculado automáticamente según el año y la tabla aplicable. Esta deducción se ajusta anualmente, generalmente según la inflación.

Salario: Ingresos por salario para cada persona, si es aplicable.

Seguro Social al momento de retiro: Monto esperado del seguro social al momento del retiro para cada persona. Ajuste el monto de acuerdo con la edad en que comienza.

Total % Aportes al (cta. Impuestos Diferidos (401) Empleado + Empresa:
Este ampo es la suma de los dos campos posteriores.
Porcentaje total de contribución a cuentas de retiro con impuestos diferidos, incluyendo aportes del empleado y la empresa.

Inflación: Tasa de inflación anual esperada.

Tipo de registro de tu declaración a los impuestos: Si es Soltero, casado o jefe de familia

Cuentas de Ahorro y Distribución
En esta sección, registramos el saldo final de cada cuenta de ahorro para el año de la simulación. Incluimos detalles de todas las cuentas, como 401K (impuestos diferidos), Roth (exentas de impuestos), acciones y ahorros bancarios, especificando el monto total, su distribución porcentual y el porcentaje de ganancia de capital.

Distribución: Es nuestro estimado de cuanto aporta cada cuenta al pago de nuestros gastos, una vez retirados.
Este porcentaje será un elemento clave al final de la simulación, para garantizar la veracidad y factibilidad de nuestro modelo. Inicialmente puedes poner cualquier monto, fíjate que el total de los porcentajes debe ser 100%.

Luego veras dos ventanas adicionales que serán usadas para los cálculos y son de carácter informativo.

Cálculo de Seguridad Social en Edad Completa de Retiro - el primer año

Indica el monto y el mes del primer año en que comenzaras a cobrar el 100% del seguro social.

Tipo de Impuesto presentado por Contribuyentes:
Indica el tipo de declaración de impuestos que se presentará,
basado en el estado civil y la situación familiar.
Informative table.

Tipo de Impuesto presentado por Contribuyentes	Tipo
Tasa de Impuesto para Solteros	1
Tasa de Impuesto para Casados -Declaración Conjunta	2
Tasa de Impuesto para jefes de Familia	3

Con esto Terminamos la Descripción de del Panel de Control.

Creando tu Plan

Para ver el resultado de la simulación, Solo debes llenar:

Pestaña de Panel de Control
TODOS LOS PARAMETROS y su crecimiento Te sugiero que guardes un archivo con la hoja original, para que no pierdas accidentalmente alguna fórmula importante.
Recuerda al llenar los datos que SOLO se ponen en los campos Azules.

Pestaña de Gastos Personales
Como mencionamos en el capitulo de "Plan de Retiro, Planificación Financiera y Emprendimiento", el tener claridad de nuestros gastos es vital, [ara este ejercicio, usaremos esta pestaña con el finde poner los gastos mensuales en cada una de las categorías indicadas, puedes agregar o eliminar las que necesites. Fíjate que hay una columna para los gastos que sean mensuales y otra para los que ocurren anualmente, ambos de color azul, ya que los debes escribir tú.
En la columna "Mes Total" se llevan ambos a su promedio mensual.
En este ejercicio, solo los gastos de viaje se pusieron anualmente. Este total (para el ejercicio es $63,244, seria el costo de vida de John y Mary el primer año de la simulación.

Pestaña de "Flujo de Dinero"
Hay tres columnas que te permitirán agregar gastos o ingresos puntuales manualmente, Gastos que no serán recurrentes a lo largo de tu vida.

Pagos comprometidos: Aquí se ponen pagos puntuales y recurrentes, tales como pago por vehículos.

- *Ingreso de trabajador autónomos*: Si trabajas por tu cuenta y tu ingreso no es regular, o trabajaras solo por unos años luego de retirarse, lo pondrás aquí, este ingreso genera un pago de seguro social y medicare, de acuerdo con la ley de Estados unidos.
- *Otros gastos:* Aquí puedes poner cualquier otro gasto, tales como compra de algún bien costoso, pago de algún préstamo temporal, etc.
  Fíjate en el signo indicado en estas columnas, ay que en algunos casos es positivo (+) y en otros negativos (-).

Con esto terminamos la explicación de los campos a llenar en la hoja.

Ahora proceder a comentar sobre el ejemplo de John y Mary.

Plan de Retiro de John y Mary:

John y Mary son dos Jóvenes de 25 y 23 años.
Ellos están empezando en sus trabajos y por tanto no tiene nada ahorrado aun para su retiro.

Gastos Personales
Después de terminar su hoja de gastos mensuales (Pestaña "Gastos Personales") determinan un costo de vida de $63,244, incluyendo alquiler de vivienda, y auto, por tanto, no pondremos Real estate tax.

Ellos tampoco disponen de propiedad alguna para la renta.

Ellos han decidido que en adición al porcentaje de su salario que dedican a hacer aportes a su cuenta de ahorros con impuestos diferidos o 401K, cualquier excedente de sus ingresos, luego de pagar sus gastos y compromisos, los estarán ahorrando en una cuenta de acciones.

La hoja de cálculo está configurada para retirar automáticamente lo necesario para cubrir sus gastos. Si, durante tus años de inversión, o años específicos posteriores, tus ingresos superan tus gastos, se asume que el excedente se depositará en la cuenta de acciones.

Hay cuatro pestañas claves para visualizar el resultado de nuestro plan. Las revisaremos con un poco más de detalle.

PANEL DE CONTROL, Página 197.

Como ya te había comentado, esta pestaña es esencial para completar prácticamente toda nuestra hoja de Plan de Retiro.

Aquí es donde detallaremos toda nuestra información financiera, incluyendo los porcentajes de crecimiento previstos para cada elemento.

Verás dos columnas resaltadas en gris; están diseñadas para proporcionarte una referencia de los promedios de los diferentes valores y tasas crecimiento en Estados Unidos en años recientes, ofreciéndote un punto de comparación práctico.
Para comprender mejor estos números y cómo calcular tus propios porcentajes de crecimiento, asegúrate de revisar el "Apéndice C ", Página 205, donde se presenta un resumen de las tasas de crecimiento de estos valores en los últimos años.

Revisa el Panel de Control y los parámetros que pusieron John y Mary.

Panel de Control				

Fecha Inicial Simulación (aaaa)	**2024**		Promedio en USA	
		Fecha de nacimiento	Valor Promedio /Año	Crec. Prom /Año
Nombre 1	John	15-Feb-99		
Nombre 2	Mary	31-Jul-01		
Information general	**John**	**Mary**		
Edad comienzo de simulacion	25	23		
Edad de Retiro - dejar de trabajar asalariado	65	65		
Expectativa de Vida	83	86	76 (M)/ 81 (W)	
Expectativa de V. Alterna	85	90	80 (M)/ 85 (W)	
Inicio Seguro Social (edad al principio del año)	67	67		
Finanzas del Retiro	**Monto**	**Crecimiento /año.**		
Gastos Primer Año (+)	$63,244	2.5%		2% - 3%
Ingreso Renta 1er Año	$0	2.0%		2%-3%
Rental Deductions (used for tax purpouse)	40%		35% - 55%	
Impuestos el primer a#o, inicio de la Simulacion 2024 (+)	$0			
Impuesto sobre bienes inmuebles	$0	2.0%		3%-3.5%
Deducciones Standard Impuestos	$29,200	3.0%		3%-3.5%
Salario Mary	$47,000	2.0%	$50,000	3-4%
Salario John	$39,950			
Seguro Social John al momento de retiro	$1,600	2.1%	$1,543	2%-3%
Seguro Social Mary al momento de retiro	$1,500			
Total % Aportes al (cta. Inpuestos Diferidos (401) Empleado + Empresa	6.00%	/Año.		10%-15%
Total % Aportes al (cta. Inpuestos Diferidos (401) Empleado	3.00%	/Año		
% Aportes al (cta. Inpuestos Diferidos (401) "Empresa"	3.00%	/Año		
Inflación	2.5%	/Año		3%-3.5%
(1) Tipo de Impuesto (1=Soltero, 2=Casados, 3=cabeza de Hogar)	2			
Cuentas de Ahorro y Distribución	**Monto**	**Distribution**	**Cap gain%**	
Activos con impuestos diferidos 401K	$0	25.3%	4.8%	
Activos no Gravables Roth	$0	0,0%	4.8%	
Cuenta de Acciones (Stocks)	$0	74.7%	5.1%	
Activo Ahorro Banco	$10,000		0.5%	
Total Ahorros	$10,000	**100.00%**		

Las dos ventanas más abajo son para referencia y serán usadas para hacer algunos cálculos.

La primera fila, muestra la edad a la cual podrás retirar el 100% de tu monto de seguro social. Fue calculada de acuerdo con tu fecha de nacimiento. La Ultima fila es el monto que recibirás el primer año que cobras, ya que no es el año completo.

Cálculo de Social Security el primer año	John	Mary
Years	67	67
Month	0	0
Fechas de Inicio de Cobro al 100% del pago	2/15/2066	7/31/2068
Months to Year End	10	5
Social first year	$16,000	$7,500

Sigue solo una explicación de que numero debes usar de acuerdo con el tipo de aplicación deseas hacer a tus impuestos (IRS).
Ellos usaron el número dos.
ESTA VENTANA NO DEBE SER TOCADA, SOLO INFORMATIVA.

(1) Tipo de impuesto presentado por Contribuyentes	Tipo
Tax Rate Single Filers	1
Tax Rate Married Individuals Filing Joint	2
Tax Rate Heads of Households	3

Otra ventana de suma importancia es esta:

Analizador de Viabilidad de Retiro	
Activos con impuestos diferidos 401K	4,325
Activos no Gravables Roth	0
Cuenta de Acciones (Stocks)	149,396
Activo Ahorro Banco	13,968
Total Ahorros para Herederos	167,689
FELICITACIONES - Tienes suficientes Fondos para Jubilarte	

Aquí ves que su plan puede funcionar con la información indicada. Al final de la vida, año 2028, quedarían más de un millón y en la alterna $167,689.

En ella se muestra el ÚLTIMO saldo de cada una de tus cuentas al final de la vida de ambos participantes en la simulación.

Estos montos cambiaran, modificando la distribución con que tus ahorros contribuyen a pagar tus gastos, y modificando cualquier otro parámetro de Panel.

¿CUÁNDO TIENES FONDOS SUFICIENTES PARA TODA TU VIDA?

FELICITACIONES - Tienes suficientes Fondos para Jubilarte

Aquí es donde pones a prueba tu simulación, para poder determinar que tus ahorros alcanzaran para toda la vida tuya y de tu pareja se tiene que cumplir estas condiciones:

1) La suma de los porcentajes de distribución entre las cuentas tiene que ser 100%, no más ni menos.
2) Los saldos de CADA una de las cuentas al final de la vida de ambos, debe ser cero o positivo.

Para lograr este balance, debes variar el porcentaje de distribución entre tus cuentas de ahorro en esta ventana:

Cuentas de Ahorro	Monto	Distribution	Cap gain%
Activos con impuestos diferidos 401K	$0	25.3%	4.8%
Activos no Gravables Roth	$0	0.0%	4.8%
Cuenta de Acciones (Stocks)	$0	74.7%	5.1%
Activo Ahorro Banco	$10,000		0.5%
Total Ahorros	$10,000	**100.00%**	

Observa que, aunque inicialmente en las cuentas de acciones (Stock's) no hay monto ahorrado, tiene un monto de distribución, ya que posteriormente ira aumentando debido a los depósitos que hacen John y Mary en el tiempo.

Todo el excedente de dinero se depositará en esa cuenta.
Al lograr cumplir con las dos condiciones, tu plan indica que todo está ok.

Si tienes dinero invertido en todos los tipos de cuenta puede tomar tiempo conseguir el balance adecuado.

"Plug-In" de SOLVE en Excel
Si habilitas el "plug-in" de SOLVE en Excel, lo puedes utilizar y encontrara la solución automáticamente. En esta pestaña, debajo del cuadro de "Saldo de las cuentas Al fin de la Vida", encontraras un pequeño cuadro que dice "SOLVER DATA, donde encontraras la información que puedes cargar el SOLVER para hacerlo.
Dándole al "enlace" de "SOLVER DATA", te aparecerá en tu buscador, las instrucciones de cómo hacer esto.

Si no tienes ingresos o gastos especiales, con solo llenar el Panel de Control, podrás obtener tu Plan de retiro completo.

ERROR -Insuficiente: Considera ajustar tus planes de retiro.

Si ves este mensaje en la ventana de "Analizador de Viabilidad de Retiro" es que con la información que pusiste el modelo te indica que tus fondos no cubrirán tus gastos en el tiempo.

Te sugiero que revises tus premisas: Asegúrate que la inflación, los crecimientos de los diferentes parámetros que ingresaste en el "Panel de Control" estén bien.

Revisa tus estimados de expectativa de vida, edad de retiro e inicio del seguro Social.

Quizás debas seguir trabajando más tiempo o revisar tus gastos para lograr que tu plan funcione.

Gráficos

En esta pestaña se grafican los distintos componentes de tu plan, permitiéndote visualizar rápidamente el flujo de gastos, ingresos y si cuentas con fondos suficientes. Los gráficos se actualizan automáticamente con cada cambio que realices en la hoja.

Gráfico de Flujo o de Caja

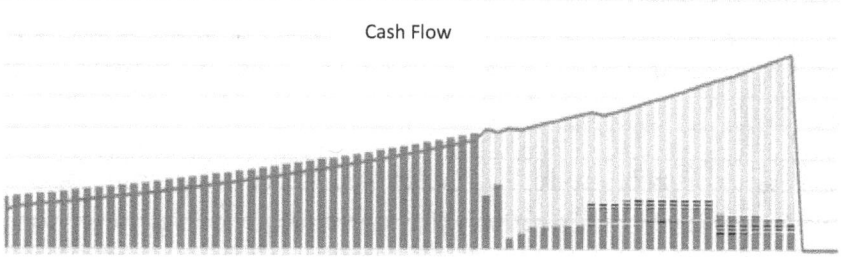

La línea en el tope de la curva representa los costos de vida a través de los años. Como puedes apreciar, estos costos son cubiertos por el Flujo de ingresos regulares, hasta que dejas de trabajar, luego, se complemente con la distribución planificada o MRD y el retiro de tus ahorros.

Si los salarios fueran menores, tus aportes y sus ganancias insuficientes o gastos más elevados, el grafico mostraría que no hay dinero suficiente para cubrir los gastos y el año en que ocurre.

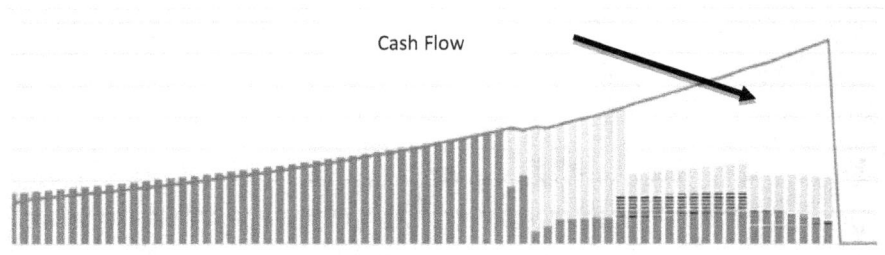

Cash Flow

FLUJO DE DINERO

La pestaña de "Flujo de Dinero" muestra tus gastos de vida anual y cómo van creciendo en el tiempo de acuerdo con el crecimiento que tu indicaste. Usualmente se usa la inflación.

Fíjate que, en caso de John y Mary, de un gasto inicial de $63,244 en 2024, la proyección hace que sus gastos aumenten a $330,764 en el 2091.

En "Pagos comprometidos" y "Otros gastos", lo dejan reservado para gastos futuros que no han sido considerados al iniciar el plan.

Luego vienen las columnas que reflejan los diferentes ingresos, tales como seguro social (cuando lleguen a la edad de cobrarlos), Los "salarios" de ambos, Autoempleo, otros Ingresos e "Ingresos por alquiler de inversión", están en blanco por ahora, pero no descartan que lo puedan usar en un futuro.

Los ingresos de RMD serán automáticamente llenados, cuando lleguen a la edad de aplicar la ley. Los cálculos de RMD, utilizando las consideraciones de la ley SECURE al año actual, estas tablas serán cambiadas cada vez que sea necesario a través de una actualización de la hoja.

Hay una serie de columnas ocultas que puedes ver presionando el símbolo de (+) dentro de un cuadrado. Estas columnas se usan para calcular el total de ingreso Gravables, así como los diferentes impuestos.

El total de todo los impuestos se muestra como "TOTAL Impuestos Pagados".

Luego vemos 4 columnas, donde podremos observar la cantidad de dinero que retiramos de las cuentas de ahorros, esto es para efectos de visualización, ya que este monto esta ya incorporado en la última columna "Flujo de caja".

"Flujo de Caja' muestra la cantidad de dinero que hay que retirar de las cuentas de ahorra cuando los ingresos no alcanzan para cubrir los gastos (incluyendo los impuestos).

Como podrás observar este monto es igual a la suma de las cantidades retiradas de las cuentas en las 4 columnas anteriores.

CUENTAS DE AHORRO

En esta pestaña veremos la actividad financiera de cada una de las cuatro cuentas que dispone la simulación.

Al principio de las cuentas observaras una columna con la suma de los saldos de todas.

Observaras: Los retiros, ganancias por intereses o por inversiones de capital y el saldo de cada cuenta.

Caso especial:

La cuenta de banco es la única cuenta que, por diseño, no tocan los ingresos o retiros de manera automática, esto da mucha flexibilidad para manejarla. Por eso esta columna también está en color Azul.

Un monto negativo en los saldos de cualquiera de las cuentas es indicio que algo está mal y que hemos sacado de esa cuenta más dinero de lo que tenemos en el banco. La hoja lo permite SOLO para observar el monto del déficit.

GASTOS PERSONALES MENSUAL

Aquí se detallan los gastos personales en el año de la simulación, el total del año será el monto requerido en el Panel de control. El total anual ($63,244 en este ejemplo), se registra automáticamente en el panel de control, pero este monto se podría también cambiar manualmente.

Poniendo en Marcha el Plan

Con la información y herramientas a tu disposición, estás preparado para tomar las riendas financieras de tu futuro. La hoja de cálculo que te ofrezco no es solo un conjunto de números; es el primer paso hacia una jubilación segura. Te brindará la claridad necesaria para determinar cuándo podrás alcanzar tus objetivos de ahorro y si tus planes de retiro son realistas.

Este es el momento de actuar y definir el curso de tu futuro financiero. Con determinación y el poder del interés compuesto a tu favor, el camino hacia tu retiro deseado es claro y posible. Emprende hoy la construcción de ese futuro.

Apéndice C
Parámetros promedios en los Estados Unidos

Te comparto algunos datos que te pueden ayudar a llenar algunos parámetros del panel de Control, aunque te animo a que hagas tu propia investigación y con tus datos personales.

Promedio de Salario Anual: La brecha salarial entre hombres y mujeres en Estados Unidos sigue siendo un tema de discusión importante.
Hombres: El salario medio a tiempo completo es aproximadamente entre **$55,000 y $60,000**.

Mujeres: Para las mujeres, el salario medio anual para trabajadoras a tiempo completo esta entre de **$45,000 a $50,000**.

Al igual que con los hombres, este número varía significativamente entre diferentes industrias y cargos.

Brecha Salarial de Género
La brecha salarial de género se ha mantenido en torno al 80-85%, lo que significa que, en promedio, las mujeres ganan entre 80 y 85 centavos por cada dólar que ganan los hombres. Este porcentaje también varía por estado, industria y nivel de experiencia.

Es importante entender que estos promedios no reflejan completamente las disparidades en sectores o roles específicos.

Gastos mensuales de una pareja:
el costo de vida anual para una familia de dos personas podría oscilar entre **$30,000 y $70,000** o más. Sin embargo, esto es el corazón de un buen plan y aquí I debes usar los tuyos.

Pagos del Seguro Social a edad plena: El beneficio mensual promedio para jubilados individuales está en el rango de **$1,500 a**

$1,800.

Crecimiento estimado de los parámetros del Panel de Control.
Para proporcionar estimados sobre los promedios de crecimiento
en Estados Unidos de varios parámetros en los últimos 5 a 10
años, usaré información generalmente aceptada al 2023. Ten en
cuenta que estos valores pueden variar según fuentes específicas
y actualizaciones futuras.

Inflación:
Promedio de Inflación: En los últimos 5 a 10 años, la tasa de
inflación en Estados Unidos ha variado significativamente, con un
promedio que podría estimarse en torno al **2% al 3% anual**. Sin
embargo, este promedio fue afectado por períodos de baja
inflación seguidos de un aumento significativo en 2021 y 2022,
donde las tasas superaron el 5% anual.

Ingresos por Renta de Propiedades de Vivienda:
Los ingresos por renta de propiedades han tendido a aumentar,
pero el crecimiento anual puede variar ampliamente por
ubicación y tipo de propiedad. Un estimado general podría ser un
crecimiento anual del **2% al 4%.**

Reducción de Renta para Efectos de Impuestos:
La depreciación y otros gastos deducibles pueden reducir
significativamente los ingresos imponibles de propiedades de
alquiler. El impacto exacto depende de los costos específicos y el
valor de la propiedad, pero en términos de flujo de efectivo,
puede representar una **reducción del 20% al 40%** de los ingresos
brutos de alquiler.

Impuesto de Real State a la Propiedad:
Los impuestos sobre la propiedad varían enormemente según la

ubicación. A nivel nacional, las tasas pueden oscilar entre el 2% y el 4.0% del valor de la propiedad por año, pero esto puede cambiar significativamente con el valor de la propiedad, tasa locales, etc.

Incrementos de Salario:

Los incrementos salariales promedio en Estados Unidos han sido aproximadamente del **3% anual**, aunque este número ha variado en respuesta a factores económicos, con aumentos más significativos observados en algunos años recientes debido a la inflación y la escasez de mano de obra.

Incrementos del Seguro Social:

Los ajustes por costo de vida (COLA) para el Seguro Social han promediado alrededor del **1% al 3%** anual en la última década, con un notable aumento en 2022 y 2023 para ajustarse a la inflación, alcanzando cifras superiores al 5%.

Rendimiento de Cuentas 401K y Acciones:

El retorno de las cuentas 401K y acciones fluctúa según la cartera y el mercado, con un promedio histórico de **7% a 10%** anual ajustado por inflación, aunque varía por su volatilidad. En mi modelo, uso un estimado conservador del **4.8% al 5%**.

Recuerda que estos números son solo estimaciones generales y pueden cambiar debido a diversos factores como políticas económicas, el mercado laboral, el sector inmobiliario y de valores, entre otros eventos económicos mundiales. Para un análisis más detallado y una planificación financiera adecuada, es recomendable revisar fuentes actualizadas y buscar, de ser posible, la orientación de un experto financiero.